JN190123

イギリスのお菓子と暮らし

北野佐久子

二見書房

はじめに

イギリスのお菓子には風土と結びつき、受け継がれ、人々の暮らしに取り入れられてきた文化や歴史を持つ顔があります。そして、家庭の暮らしぶりから見るお菓子には、その作り手の歴史、文化に基づいた生活感が表れています。私の興味はそのどちらにもあり、長年親しんできた児童文学の世界とも重ねながら、大切にその興味をあたためてきた気がしています。そしてその育んできた世界を今またお伝えしたくなったのです。

本書はイギリスで暮らす11人の女性たちに教えていただいた、家庭で長年作り続けてきたお菓子の作り方、心豊かに暮らすためのキッチンのアイデアや、家、庭、おもてなしの工夫などをご紹介しています。

人の興味というものは何年経ってもそう変わらないものだと改めて感じています。

イギリスのお菓子の原点は家庭にあると気づき、私が求めていたお菓子の姿がそこにあると発見した初めてのハーブ留学。その新鮮な驚きを1冊の本にしたのが、1989年に出版した『イギリスのお菓子』（ソニー・マガジンズ）でした。この本は刷を重ね、多くの方に手に取っていただきました。

「この本は私のお菓子の本のバイブルです」「学生の頃からずっとこの本でお菓子を作ってきました」「使いすぎて本がボロボロになってしまい、2冊目を古本店で買いました」……。

いまだにこうしたうれしい言葉を講演などの際に参加された愛読者の方からいただくことがあります。それほどまでにこの本を大切にしていただいていることがなによりうれしく、こうした読者の方々の温かい支えがあったからこそ、そのおかげでこの本を出すことができることを心から感謝しています。

私が『イギリスのお菓子』の本を出した頃は知る人も少なかったスコーンはすっかり知名度を上げ、日本で手に入るイギリスの紅茶の種類も増え、イギリスではるか昔から防虫剤などに使われたラベンダーのようなハーブも日本の各地で栽培されるようになりました。イングリッシュ・ガーデンも日本の暮らしの中ですっかり地につき、身近になっています。イギリス文化はかつてよりもよく知られるようになりました。けれどもその文化を支えている、ごく普通に生活しているイギリスの人たちの暮らしぶりを知る機会は少ないように思えます。

私にとってそれを知る原点となったのは、最初のハーブ留学の際に娘のように家庭に迎え入れてくれたクック家です。コッツウォルズ地方の家でのお二人と過ごした日々を通して、イギリスの暮らしを内側から知るというかけがえのない機会を得たのでした。また近年では、ブラムリーという人と人とを結びつける、不思議な力を持つリンゴのおかげで、日本のブラムリーファンクラブのみなさんや、セリアさんと出会うことができました。そのセリアさんを通して、ブラムリーの原木が生まれたサウスウエルの人々やセリアさんが暮らすデヴォンの人々との交流が生まれました。

長きにわたってかけがえのない温かい交流を紡いできたイギリスの友人たちに、この本をささげたいと思います。

contens

Traditional Sweets 伝統的なお菓子 39

定番のお菓子たちとスーさん。花々が生き生きと育つコンサバトリーでのお茶の時間。

スーさんの定番お菓子 コーヒーウォルナッツケーキ

庭と家とが一体となった真に豊かな暮らし、
それがスーさんとアントニーさん夫妻の日常です。

「なんておいしいのだろう」

テラスの一角に用意されたテーブルでのお茶の時間、スーさんのお手製のケーキをほおばりながら、何故これほどまでにおいしく感じるのか、そこに込められた意味を感じていました。

造園家のアントニーさんと料理家のスーさん夫妻の家は、テラスの周囲はなだらかな斜面にそって、芝生の緑と花々に彩られた広大な庭が広がっています。

この場所で味わうケーキには、2人が40年以上積み重ねてきた、時間と空間という目には見えない大切なものが込められている、だからこれほどまでに心が満たされるおいしさを感じるのだと思ったのです。

ご夫妻の家はイギリス西部の温泉で有名な街、バースからほど近いカントリーサイドにあります。私たちの交流の始まりは

斜面にそって
緑と花々が
庭を彩る

高低差を上手に生かした庭は、歩き進めるたびに新たな景色が開ける、驚きの連続。

庭の花とお手製のお菓子がテーブルを彩る

アントニーさんが庭でつんだスイートピー。

スーさんの故郷であるウェールズのケーキ、バラ・ブリス。

庭の緑と花に囲まれて

スーさんの家。5.7ヘクタールの敷地に約400本の木々が育つ。

共通の友人であるエリザベスさん宅でのサンデーランチでした。「わが家の庭を見に来ませんか？」

こんなうれしいお誘いのおかげで、20年以上にわたってお二人の庭のある暮らしぶりを楽しませていただくという恩恵にあずかっています。

はちみつ色の石塀のせいで表からはまったく見えませんが、小さな木の扉を開けると、目の前に広がるのは、真っ白い家と一面の緑。この260年前に建てられた小さなファームハウスを買ったのは1970年だそうです。当時広大な敷地にはたった2本のリンゴの木があるだけだったといいます。子供が生まれ、家族が増えるにつれて、増築を繰り返し、庭を育て、手を加えながら大切に慈しんできた2人の歴史がそこにあります。

屋根のある庭の一部のようなコンサバトリーは玄関を兼ね、来客とここでコーヒーを飲んだり会話も楽しみます。ビーチツリーの木で囲われた、秘密の花園のような「ポタジェ」は、ハーブや野菜類など食生活を彩るものが植えられています。地平線まで広がるメドウ（草原）ではワイルドフラワーが咲き乱れています。自然を守るためにはミツバチや蝶の存在は不可欠。近年の気候変動や公害でミツバチや蝶が減少する中、メドウを作ることでその繁殖を助け、自然の保護に努めているのです。

スーさんのアガオーブンは、ブリティッシュ・グリーンを思わせるシックな緑。コルドン・ブルーで学び、料理上手な彼女のキッチンで、そのオーブンが大きな存在感を示しています。

そのキッチンからスーさんが

アントニーさんが作る庭

2人がともに好きな植物を選ぶ、それが庭作りのルール。

8月になるとシクラメンの群生がうつむいた花を木の根元に愛らしくつける。新婚旅行で求めた苗を植え付けたのが始まり。

ワイルドフラワーが咲き乱れるメドウ。

「ランチにパスタを作るからバジルとパセリを摘んできてもらえる？」と頼めば、窓越しからいい香りを漂わせるバジルやパセリをアントニーさんが届けます。フードプロセッサーに入れてソースを作り、冷凍庫に用意されていた生パスタをゆでてソースを和えれば、あっという間に緑の色が美しく、おいしいパスタのできあがり。日々の暮らしと庭が密接につながっていることの豊かさを感じる光景です。

この日ごちそうになったコーヒーウォールナッツケーキは、スーさんのお茶の時間の定番であり、イギリスのお茶の時間を彩るケーキの代表ともいえるお菓子です。

一番大切なものは「お互い」と語る2人。いつまでもご夫妻の穏やかな暮らしが続くように、と願わずにはいられません。

キッチンと庭をつなぐ窓

キッチンの窓越しにハーブや花を届けるアントニーさん。

アガオーブンがあるキッチン

24時間電源ON、放射熱を利用したアガが中心にあるキッチン。

温度の異なる3つのオーブンの上に鍋や食材を加熱できるプレートがある。

料理やお菓子が火の文化として発展したイギリス。料理好きはアガにこだわる。

スーさんの
コーヒーウォルナッツケーキ

焼き型は、サンドイッチ・ティン（sandwitch tin）と呼ばれる浅いものを使います。これを2つ用意して、1つ分のケーキの種を2等分して焼くのです。焼き時間が短いぶん、しっとりとなり、仕上げはこの2つを重ねます。ビクトリア・スポンジは2枚のケーキの間にラズベリージャムなどを挟んだものですが、「ビクトリア・サンドイッチケーキ」とも呼ばれるのは、2枚を挟む、その作り方にあります。

チコリ＆
コーヒーエッセンス

湯を注ぐだけで飲めるシロップ。インド駐留軍用に作られたことがラベルからもわかる。ハーブのチコリが26%。イギリスではコーヒー味のケーキの定番の材料。

材料（直径20cmのサンドイッチ型2個分またはケーキ用丸型1個分）

無塩バター……175g
微粒子グラニュー糖……175g
卵……中3個
コーヒーエッセンス（もしくはインスタントコーヒー大さじ1.5を小さじ1.5の湯で溶いたもの）
……大さじ1
薄力粉……175g
ベーキング・パウダー……小さじ1.5
塩……ひとつまみ
クルミ……50g（乾煎りして細かく刻む）

バタークリーム
無塩バター……70g
粉砂糖……70g
コーヒーエッセンス
（もしくはインスタントコーヒー小さじ2を湯小さじ2で溶く）
……小さじ2

コーヒーアイシング
微粒子グラニュー糖……30g
水……大さじ2
粉砂糖……60g
コーヒーエッセンス
（もしくはインスタントコーヒー小さじ1を湯小さじ1/2で溶いたもの）
……小さじ1/2

飾り用のクルミ……適宜

アガオーブンでしっとり

アガで焼くと自然な風味と湿度を保つことができる。

作り方

1. 20cmのサンドイッチ型、またはケーキ型を用意し、ベーキング・ペーパーを敷いておく。オーブンは180℃に温めておく。

2. ボウルに室温に戻したバターを入れてクリーム状にしたところに砂糖を2回ぐらいに分けて加え、泡立て器で擦り混ぜる。色が白っぽくなったら、溶いた卵を3〜4回に分けて加え、そのたびに泡立て器で擦り混ぜる。コーヒーエッセンスを加える。

3. 2のボウルに薄力粉とベーキング・パウダー、塩を合わせて振るったもの、刻んだクルミを加えて、ゴムベラで切るように混ぜる。種を等分になるように2つの型に流し入れる。サンドイッチ型がない場合は丸いスポンジ型にすべての種を流し入れる。

4. 180℃に温めたオーブンで20分ほど焼く（ケーキ型の場合は30〜40分）。竹串を刺してみて種がつかなくなったら焼きあがり。型に入れたまま粗熱を取ってから、ケーキクーラーにのせて冷ます。ケーキ型で焼いたものは冷めてから横に2枚にスライスしておく。

5. バタークリームを作る。室温に戻し、やわらかくしたバターをボウルに入れ、粉砂糖を加えて泡立て器で擦り混ぜる。コーヒーエッセンスを加える。ケーキの下方になる面にバタークリームを塗り、上になるケーキをかぶせる。

6. コーヒーアイシングを作る。グラニュー糖と水を合わせて鍋に入れて沸騰させる。粉砂糖とコーヒーエッセンスを加える。冷めてから、ケーキの上面に塗る。飾り用のクルミをのせる。

元シェフで料理上手のスザンナさんのキッチン。

農場の娘・スザンナさんのブラムリーケーキ

料理用リンゴの王様「ブラムリー」を栽培する農場を経営するスザンナさんに、ブラムリーの魅力とケーキのレシピを教えてもらいました。

スターキー農場のブラムリー

スザンナさんの農場はブラムリーを栽培するサウスウェルで唯一の農場。

スザンナさんが愛用するコンポート。

ブラムリー・フェスティバルでは
ブラムリーで作ったサイダーも販売。

ブラムリーのおいしさをいかした商品を開発

ノーウェルの地元の新鮮な農作物を扱う店でもスターキー農場のブラムリーや商品を販売。

「さあ、わが社自慢のブラムリーで作ったコンポートを入れるわよ」とボウルに目分量で加えるスザンナさん。広いキッチンの真ん中にどんと置かれた、2畳分ほどありそうな大きなアイランド型。たっぷりの作業スペースの上で、元シェフであったという彼女は慣れた手つきで、どんどんケーキを作っていきます。

バターや粉、砂糖まではきちんと計っていたのですが、途中から目分量になったのは、シェフであった経験と習慣から来ているものなのでしょう。コンポートに続いて加えたヨーグルトも目分量です。お菓子作りもこんな風に気楽に楽しめばよいのだな、と楽しそうなスザンナさんの姿を見つめていました。

そのアイランド型には、収納を兼ね備えた引き出しがたっぷりあり、ケーキ作りに必要な型や泡立て器、スプーンなどが魔法のように出てきます。

見るからに陽気で、活動的なスザンナさんは、スターキー農場の跡取り娘。父親であるジョン・スターキー氏はサーの称号も持つ名士。スザンナさんをいつも優しいほほえみとともに支えています。数年前からスザンナさんが家業を継ぎ、スターキー農場の経営者として、またビジネスのトップとして、携帯に便利なパウチ型のパック入りのリンゴジュースをはじめ数々の新製品も生み出しています。

スザンナさんがケーキに加えたブラムリーのコンポートは、アップルジュースと並ぶスターキー農場の目玉商品。どちらも砂糖を加えていない、ブラムリーだけの甘さで作られた自慢の製品です。

サウスウェルの町はずれ、大自然に囲まれたスザンナさんの実家、ノーウッド・パーク（Norwood Park）。

農場に豊かに実るリンゴやイチゴ

（右）近年、大学がクローン技術により原木の遺伝子を保存し、クローンブラムリーの研究を続けている。（下・右下）スターキー農場ではイチゴも栽培している。味が良いと地元でも評判。

スザンナさんの自宅と経営するB&B

（左上）朝食用にトースターやシリアルがそろえられている自宅のダイニング。（右上）自宅のリビング。（右下）スザンナさんが経営するB&B、Willoughby Houseの寝室。

結婚後、スザンナさんは実家から離れて、ノーウェルというこの小さな村の一軒家に家族とともに住んでいます。敷地内にはコテージが2つあり、B&Bも経営するというたくましさ。自宅のダイニングはそのコテージの泊り客のために朝食をふるまう場所にもなるのです。

スターキー農場は、サウスウエルでブラムリーを商業的に栽培する唯一の農場です。サウスウエルの町のはずれにあるその農場、「ノーウッド・ハウス」は、これまで1世紀にもわたってスターキー家の領地となっています。

1910年、スザンナさんの父方の曽祖父である初代ジョン・スターキーが、ブラムリーの原木からの苗木で農場を始めました。以来、サウスウエルでブラムリーを栽培する唯一の農場として発展しています。その最初の苗木はもちろん地元の苗木商、ヘンリー・メリーウェザーによって植えられました。

ブラムリーとともに長い歴史を生きてきたスターキー家。スザンナさんの代になり、これからの未来も、人々の暮らしとともにあるブラムリーの栽培を続けてほしいと願います。

焼きあがったスザンナさんのケーキは、たっぷり加えたコンポートのおかげで、ブラムリーの味わいがバターケーキの風味とよく合って、なんとも言えぬおいしさ。今までに味わったブラムリーのケーキの中でも際立っていました。

インテリアからファッションに至るまでセンスの良さが光るスザンナさん。ブラムリーを愛する人ならではの、洒落た味わいが生きるケーキです。

スザンナさんの
ブラムリーケーキ

ケーキに焼き込むとしっとりおいしいブラムリー

ブラムリーをケーキに焼き込んだレシピはドーセットアップルケーキをはじめとして、数多く存在しますが、不思議なことに実をそのまま煮るとすぐにとろけるように煮崩れてしまうのに、ケーキに入れるとそうなりません。しっとりと火が通ったその味わいが、ケーキと相まってとてもおいしくなります。「料理用リンゴの王様」と称えられる、その魅力のひとつだと思っています。

材料（21cmの丸型1個分）

薄力粉……275g
ベーキング・パウダー……小さじ1
無塩バター……150g
洗双糖または三温糖
（またはブラムリーを煮たピューレと砂糖を半量ずつ）
……150g
プレーンヨーグルト……50g
卵……2個
オレンジの皮……1個分
ジンジャー粉……20g
生しょうが……ひとかけ
シナモン粉……5g
クリスタルジンジャー（しょうがの砂糖がけ）
……3個（手に入れば）
ブラムリー……1個
レモン汁……少々
飾り用……ブラムリーと三温糖、適宜

作り方

1. オーブンは180℃にあらかじめ温めておく。型にはベーキング・ペーパーを敷いておく。

2. ブラムリーは1cm角程度の大きさに切っておく。飾り用のブラムリーはくし形、5mm程度の厚さに切っておく。色が変わらないようにレモン汁少々を振りかけておく。

3. 室温に戻したバターをボウルに入れてクリーム状にしたところに砂糖を2回ぐらいに分けて加え、泡立て器で擦り混ぜる。色が白っぽくなったら、溶いた卵を3、4回に分けて加え、そのたびに泡立て器で擦り混ぜる。

4. 2のボウルに薄力粉をベーキング・パウダー、ジンジャー粉、シナモンを合わせて振るったもの、オレンジの皮をすりおろしたもの、刻んだクリスタルジンジャー、生のしょうがをすりおろしたものを加えて、ゴムベラで切るように混ぜる。最後に刻んだブラムリーを加えてよく混ぜ合わせる。

5. 用意した型に流し入れ、表面を平らにし、上にくし形に切ったブラムリーを放射状に並べる。上にブラウンシュガーを振りかける。あらかじめ温めたオーブンで40分ほど焼く。竹串を刺して、生地がつかなくなったら焼きあがり。

6. 粗熱を取ってから型から出し、金網の上で冷ます。

スパイスのたっぷり入った生地。

ブラムリーは煮崩れせず
しっとり火が通る。

緑の中にたたずむジョージアン様式の建物。女性のためのカレッジ「デンマン」。

学びの殿堂で習う
ビビアン先生の保存食

季節の果物や野菜を使った
暮らしを彩るチャツネ作り

ビビアン先生を囲む授業風景

20代から70代、農場経営者や会社員、年齢も職種も様々な女性たちが学ぶ。WI非会員も受講できる。

デンマンで作り方を学んだ秋の味覚 洋ナシのピクルス

洋ナシの一種、コミス（comice）はそのままでもおいしいが、酢、クローブやシナモンなどのスパイスとともにピクルスにしてその秋の味わいを保存する。

WI（イギリスの婦人協会）の会員である、イギリス婦人たちの学びの殿堂デンマン「DENMAN」。日常を離れて会員の女性たちが学ぶことができる宿泊施設を備えた学校です。1947年にオックスフォードに近いマーチャム・パークMarcham Parkを買い取り、翌年1948年にWIのカレッジとして開校しました。

私はここに、収穫の秋ならではのプリザービング（保存食）を習う、3日間の講座に参加するためにやって来たのでした。

ジャムやチャツネの作り方を教えてくれるのは元気いっぱいのビビアン先生。伝統的な保存食の専門家として、料理学校をはじめ、サマーセット州の自宅でもその作り方を教えるかたわら、数々の本も出版しています。

そもそもの始まりは引っ越した先のウースターシャーの村の家にコテージガーデンがあり、180kgものプラムを収穫できたことが、彼女をジャム作りへの情熱に導く偶然のきっかけになったとのこと。大量のプラムをなんとか有効に保存することができないかと、その時から本を片手にジャムやチャツネ、マーマレードなどの保存食作りが始まったそうです。

それがやがて、秋の恒例となっている村の品評会で賞をもらうようになり、ビビアンさん自身もWIの保存食の講座で学び、やがて審査員も務めるまでに。これらの経験を重ねるうちに、仲間と作る楽しさを分かち合い、教えることも楽しめるようになったといいます。

そして2008年にWorld's Original Marmalade Festivalで優勝したことが、仕事へと発展させる大きな一歩となりました。

デンマンの美しい館内

庭の眺めを楽しめるラウンジもあり、ゆったり過ごすことができる。

調度品も美しい。

心地よく整えられた宿泊棟

学びの場となる本館のほか、敷地内に宿泊棟が用意されている。

食堂の充実したメニュー

食堂のデザートのメニューも季節の果物を使っていた。

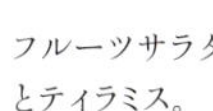

イチゴとエルダーフラワーのゼリー。

フルーツサラダとティラミス。

暮らしを楽しむかわいい雑貨

宿泊棟の部屋に置かれていた、裁縫道具の入った布製の入れ物。

2018年に創立70周年を迎え、2階へ昇る階段にその歴史をたどった写真が飾られていた。

朝のトーストにお気に入りのおいしいジャムを塗っただけで、その1日が幸せでいられるような気分になるのは私だけでしょうか。スコーンにもストロベリージャムがなければそのおいしさは満足できるものにはならないし、ビクトリアサンドイッチにも真っ赤なラズベリージャムがなければ始まりません。

WIが戦時中に果たした役割は食料や保存食を作ることでしたが、自然の恵みを生かし、楽しむ心は平和な時代にもジャム作りに生かされているようです。なんでも手に入る、便利な世の中になった今だからこそ、季節の果物を使った手作りの味に勝るものはありません。

デンマンの講座で一緒になったメンバーたちとは、3日間に渡り、食事やお茶の時間をともにするうちにすっかり仲良くなりました。年配の女性たちが多い中で、ロンドンから母親と一緒に参加したという若い20代の会社員の女性もいました。

「季節を手作りのもので味わい楽しむ暮らしをしたいと思って」

彼女はそう語ってくれました。

サマーセット州に住む農場の奥さんは、収穫物をこの講座で得た知識を生かして保存したいと語り、「なんといっても、講師が専門的な知識があって素晴らしい」と絶賛していました。また、近所に住む友人と車を乗り合わせて、ケント州から参加したという70代のおばさまは、「このコースを受講することが私のホリデーなの」とうれしそうに笑顔で話してくれました。

ここで過ごした時間を通して、それぞれが豊かな暮らしへの思いを新たにして家路に着くようです。

ビビアン先生の
トマト・チリ・プリザーブ

このトマト・チリ・プリザーブはビネガー入りトマトのジャムのようなもの。ちなみにジャムを最初に作ったのは、ローマ人とギリシャ人だといわれています。カリン、イチジク、チェリーをはちみつでじっくりと煮て作ったものだったようです。

イギリスでは砂糖が安く手に入るようになったビクトリア時代になって今のような形態のジャムと呼ばれるものが広く作られるようになりました。

冷凍庫がない時代には、収穫した果物を砂糖で煮て保存するのがおいしさを保つ一番の方法であったに違いありません。

材料

トマト（完熟したもの）……1.14kg
赤唐辛子……6本
ニンニク……60g
しょうが……45g
ナンプラー……60cc
レッド・ワインビネガー……225cc
グラニュー糖……675g

作り方

1. 皮をむいたしょうが、ニンニク、種を取った赤唐辛子を細かく刻む。
2. トマトは皮ごとミキサーまたはフードプロセッサーにかけてなめらかなピューレ状にする。
3. 1、2を合わせて鍋に入れ、ナンプラー、レッド・ワインビネガーも加えて、弱火でどろどろの状態になるまで煮る。
4. グラニュー糖（オーブンで温めておくといい）を加えて、絶えずかき混ぜながら、ジャムのような濃度の硬さになるまで煮詰める。
5. 熱いうちに保存瓶に詰める。1ヶ月ほど置いてから食べると味がなじんでおいしい。

＊ビビアン先生のHP
https://www.vivienlloyd.com/

甘味、酸味、塩味、旨味が楽しめる。

ゴーツチーズ、ラム、牛肉に合わせるとおいしい、食事にも生かせるジャム。

100年以上の歴史を重ねてきた イギリスの婦人協会、WI

1941年、メリフォッドのWIが戦中の政策の下、ジャム作りに励む様子。

デンマンのハーブガーデンは戦後、庭園が復活した時に作られれた。

1979年にデンマンを訪れたエリザベス女王。ホールに敷かれたカーペットは新しいもので、そこに女王が立っている写真を持っている人は、カーペットを割引価格で買えたというエピソードも残っている。

イギリス婦人たちの学びの殿堂「デンマン」という校名は、NFWI(National Federation of Women's Institutes　WIの全国連盟)の初代会長として30年もWIに尽力し、開校を前に退職したレディー・デンマンを讃えて付けられたとのこと。

開校当時は31人だけしか宿泊できませんでしたが、今や88人が宿泊可能となり、1年に650以上の講座が会員だけでなく非会員も受けられるように開講されています。

デンマンを運営するWI(The Women's Institutes)とは、エリザベス女王が名誉会長を務めるイギリス最大の婦人協会。

1915年、農村地域を活性化して第一次世界大戦中の食料生産に女性も積極的に参加することを目的として、ウェールズで発足しました。

現在では女性に教育の機会を提供する、女性にとって重要な問題について活動する機会を提供するという役割を果たし、約22万人の会員がいます。

設立100周年を迎えた2015年には、トランスジェンダーの女性についても、「女性として生きるという決断をした人は誰でも参加できる」という声明を発表しました。

デンマンに飾られた写真の中には、WIの会員としてこの地を訪れたエリザベス女王や母君であるクイーン・マザー、ダッチェス・オブ・コーンウォールの姿も見られます。

エリザベス女王はまだ王女であった1943年に会員となり、別宅のあるサンドリンガムのWIの会長を1952年から務めておられるとのこと。WIは王室とのつながりも深いのです。

女王やクイーン・マザーの写真が飾ってある、デンマンのホール入口。

1970年、デンマンを訪れたエリザベス女王の母、クイーン・マザー。

戦後は、女性の活動を応援するつながりへ

サウスウエルのWIのメンバー。ブラムリー・フェスティバルでも活躍。

キルトをきっかけにWIと出会ったジョアンさん。WIのエプロンを愛用している。

100ページで紹介しているジョアンさんは23年前にWIと出会いました。

キルト作りが趣味であるジョアンさんは、有名なキルト作家の作品展に招かれ、そこで興味を共有できる、サウスェルのWIのメンバーと出会い、入会します。

ジョアンさんは看護師として長年、忙しい日々を過ごしてきましたが、WIの会員となったことで、心豊かな貴重な機会を与えられたそうです。

2002〜06年、2016〜19年の2期にわたって、サウスウエルのWIの会長も務めました。

サウスウエルのWIのメンバーは、毎年10月に開催される料理用リンゴの王様「ブラムリー」のお祭り、ブラムリー・フェスティバルでも活躍し、欠かせない存在となっています。

マルコム＆マーガレットさんの夫婦が現在住んでいるドーセットの家。表玄関前にはラベンダーの茂みが紫の小道を作る。

マルコムさんと マーガレットさんの フラップジャックスのある暮らし

いつくしむように暮らしていた手作りの家を移り、
老いと向き合いながら新たな生活を楽しんでいる夫婦の家庭菓子。

「いつもこの缶にはフラップジャックスを入れてあるのよ。マルコムの大好物なの」

突然の訪問というのに、そう言ってマーガレットさんはお手製のフラップジャックスをダンスクの灰色がかった、どっしりとした雰囲気のお皿に盛りつけました。

遠い、ある夏の日のことでした。

湖水地方の町、アンブルサイドで開かれたビアトリクス・ポターを研究するポター・ソサエティーの会合に参加した時のことです。ランチタイムにたまたま同じテーブルになったマルコムさんとの会話はいつしかハーブの話題になり、自宅でハーブを育てている妻のマーガレットさんのハーブガーデンを見に来ないか、というお誘いを受けたのです。そして、会合が終わっ

60代まで住んでいた湖水地方の家

家に迫っていた斜面をブルドーザーで切り開き、崩れないように石を積み上げて階段状の庭を作り上げた。

家もクッションも手作り

家をDIYで作り上げるのはマルコムさん、室内を飾るのはマーガレットさんの役目。

ラベンダーを暮らしに

暖炉の前に束ねてつりさげてあったラベンダーは、クローゼットの虫よけとして使う。

た午後にお宅にうかがうことになったのでした。

湖水地方にしては、珍しいほどにさんさんと輝く日差しを浴びながら、庭に作られた木のテーブルでそのお茶の時間は設えられました。フラップジャックスはオーツ麦と砂糖、バター、ゴールデンシロップを材料として作る、ちょっと歯につくような、独特の食感のある焼き菓子。トレイ型で大きく焼いてから切り分ける、トレイベイクと呼ばれるこうしたお菓子は、手間がかからず、家事の合間にもさっと焼けるのが魅力です。マーガレットさんがいつも缶の中に入れているのはそうした手軽さがあってこそ。ビスケット同様、毎日のお茶の時間に紅茶と一緒につまめるのもうれしい、普段着のイギリス家庭菓子の代表選手というわけです。

今を楽しむ現在の二人の家

カーテンやクッションは今もマーガレットさんの手作り。

キッチンの窓から庭が見える。

お茶の時間はいつも手作りのお菓子で

クリスマスに訪れた時のテーブル。

マルコムさんとマーガレットさんの家は、庭がなんとも素敵。2人がその湖水地方の場所を買い取った時には16世紀に建てられた荒れ果てた農家だったといいます。家の前のテラスの脇には、マルコムさんが言った通り、石垣で囲ったハーブガーデンがありました。タイム、チャイブ、ミント、パセリなど、どれもマーガレットさんの料理に必要なハーブばかり。ラベンダーで縁どりされて、香りを楽しむことも忘れていません。

家の内部もマルコムさんのDIYの腕前を生かして、すべてセルフビルド。そしてマーガレットさんお得意の手仕事による、カーテンやクッション、ベッドカバーで装飾するという息の合いよう。お茶のテーブルもテーブルクロス、ティーコゼー、ベンチの上に置いたクッションま

マルコムさんの新しい庭

スミレやタイムが育つ石積みのロックガーデン風花壇。

マーガレットさんのキッチンガーデン

ラズベリーやブラックベリーが育つ。

ですべて手作りです。

２人で手をかけて作りあげている、何気ない毎日の生活。気負ったところがなく、誰をも暖かく包み込むような居心地の良い空間。それは、とても１日でできるような簡単なものではありません。訪ねるたびに家のどこかが新しくなっている、その様子を見るのも楽しみでした。

しかし、ご夫妻の家が整ってきた頃、ある言葉をマルコムさんから告げられます。

「この家を手放して、南のほうに引っ越すことにしたんだ」

年を取って、庭の手入れが大変になってきたので、もっと小さい庭のある家に移るというのです。今２人はドーセット州にある町、シャーボーンSherboneに住んでいます。その新築２階建ての家は前よりも小さくなったとはいえ、ブラックベリーの茂る一角があり、キッチンの窓から見えるところに石積みの花壇があり、お茶を楽しめるあずまやのようなスペースがあり、マルコムさんらしい手作りの庭ができあがっています。きちんと本が並んだ、落ち着いたリビングと、前よりもオープンになったキッチンダイニング。相変わらず無駄なものはない、美しく整えられた暮らしぶりです。

「庭仕事ができなくなったら、フラット（マンション）に引っ越すよ」

その時が近くなっていることを寂しそうに語るマルコムさん。老いという現実に向き合いながら、自分たちの暮らしをどのように続けていくか、長いお付き合いの中で、人生の先輩である２人からいつも暮らし方、生き方を教えていただいているような気がしています。

マーガレットさんの
フルーツ&ナッツのフラップジャックス

フラップには「ひっくり返す」の意味があり、17世紀にはパンケーキを指していたようです。かのシェイクスピアが書いた戯曲『ペリクリーズ』（1609年）に登場するフラップジャックスもパンケーキの意味合いのようです。今も北アメリカではフラップジャックスはパンケーキの意で使われています。

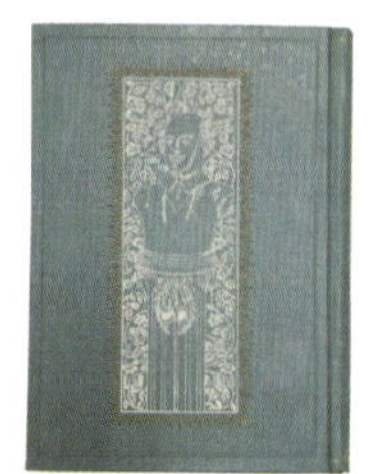

昭和2年に『ペリクリーズ』を日本で初めて翻訳した坪内逍遥はフラップジャクスを「揚煎餅」とした。

材料（20㎝角型１個分）

無塩バター……150g
ブラウンシュガー……75g
はちみつ……75g
オートミール（ロールドオーツ）……225g
塩……ひとつまみ
ミックスナッツ……50g
ドレンチェリー……8個
レーズン……60g

作り方

1. 型には底にベーキングペーパーを敷いておく。鍋にバター、ブラウンシュガー、はちみつを入れて、弱火にかけて溶かす。粗熱を取る。

2. ボウルにオートミール（ロールドオーツ）、塩、ナッツ、チェリーを合わせておく。ここに1を入れてよく混ぜ合わせる。

3. 用意した型に入れ、ゴムべらで押しつけるようにして表面を平らにする。あらかじめ180℃に温めておいたオーブンで25〜30分、表面がきつね色になる程度に焼く。焼けたらまだ温かいうちに12等分（好みで大きさを変えてください）になるように切り目をつけ、そのまま冷ます。

＊オートミールは燕麦（オーツ麦）を食べやすく加工したもの。その加工法はいくつかありますが、ここではローラーで平たくのばしたロールドオーツを使用。

マーガレットさんの手作りのお菓子を囲んだ
湖水地方のお宅でのお茶の時間。

湖水地方の家を訪ねた時に
ごちそうになったフラップジャックス。

Column 1

料理用リンゴの王様、ブラムリー

イギリスでは、ブラムリー（正式にはBramley's Seedling）といえば、誰もが知る火を加えて使う料理用のリンゴ、クッキングアップルの中の王様です。世界中を見ても、イギリスのように料理用のリンゴの栽培が盛んに行われている国はほかに見ないとのこと。

一般の生で食べるデザート用のリンゴは酸が少なく、糖分が高い。ブラムリーはその反対で酸が多く糖分が少ない。そのため火を加えた時に強い酸味が残り、しかも水分がたっぷりと含まれているので、「口の中でとろけるような」なめらかな味わいになるという特徴があるのです。

今やイギリスが誇る料理用リンゴの王様はどのように生まれたのでしょうか。ブラムリーの誕生のお話です。

ロンドンから北へ電車で1時間半あまり、ロビンフッドの森で有名なノッティンガム州、サウスウェルの町。その大聖堂にほど近いチャーチ・ストリートのコテージにメアリー・アン・ブレイスフォード（Mary Ann Brailsford）という女の子が家族と住んでいました。

料理用リンゴの王様といわれるブラムリー。ジャガイモのような形をしている。

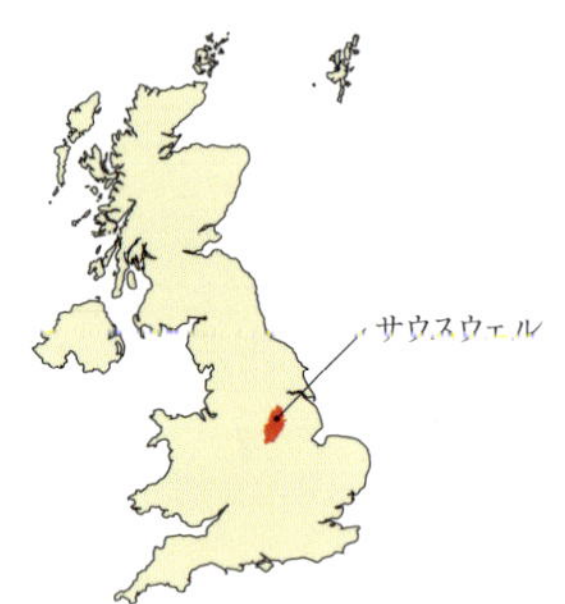

1809年頃のある日、メアリー・アンはキッチンでお母さんが切ったリンゴの種をもらって、鉢に播きました。いったいどのリンゴの種だったのかはあきらかではありません。芽が出ると、メアリー・アンは庭に植えてその木を大切に育てました。

実はこの偶然生まれたリンゴが、それまでイギリスに存在しなかったリンゴ、ブラムリーとなるのですが、その時は誰も知る由もなかったのです。

メアリー一家が引っ越した後の1846年、コテージを買い取ったのは地元で精肉店を営むマシュー・ブラムリーでした。

その庭にたわわに実る、ほかに類のない緑色で、大きく、酸味の強いリンゴが同じ村に住む苗業商のヘンリー・メリーウェザーの目に留まります。

彼は、この類まれなリンゴの木を商業的に育てるために、苗木を作る穂木の提供を、ブラムリーに頼みました。ブラムリーは、品種名に自分の名前を付けることを条件に承諾します。

ブラムリーの名の由来となったマシュー・ブラムリー。

サウスウェルの肉屋さん。ブラムリーで作ったアップルパイも売っている。

メリーウェザーのブラムリーは、1876年、1883年の2回にわたり、RHS（英国王立園芸協会）主催のリンゴ品評会で最優秀賞を受賞するという成功をおさめ、ブラムリーは調理用のリンゴとして認知されるようになっていきます。ブラムリーと名の付いたリンゴの木が広く農家に売られるようになり、生産が進みました。ロンドンの青果・花市場として有名だったコベントガーデンでは、晩成のブラムリーは1年中販売でき、「キング・オブ・コベントガーデン」と讃えられました。

今もブラムリーは、イギリスのリンゴ生産量20万トンのうち45%を占めるほどにイギリスの食生活に深く根付いています。ちなみに2017年には、ブラムリーは7万トン、およそ33万3300個の収穫があり、そのうち約1・2万トンはスーパーマーケットなどで販売され、残りは加工用に使われたとのこと。ジャガイモのように1年を通していつも台所にあるリンゴとして料理に、お菓子にと活躍しています。

ヘンリー・メリーウェザー（左から3人目）の90歳の誕生日祝い。

サウスウェルの大聖堂。ブラムリー・フェスティバルが開かれ、原木の生誕200年を記念して飾られたステンドグラスがある。

ヘンリー・メリーウェザーの家、今はひ孫のロジャーさんが住む。

樹齢200年以上を重ねるブラムリーの原木。

チャーチストリート75番地、このコテージの庭に今もブラムリーの原木が育つ。

２００年以上の樹齢を重ねるブラムリーの原木は、２０１７年、ノッティンガム州のノッティンガム・トレント大学がコテージ、庭を含めて購入し、原木の保存に努めることを発表しました。

毎年10月に大聖堂で盛大に開かれるブラムリー・フェスティバルに寄せる人々の心は、ブラムリーの原木を大切に思う心と重なり、未来に向かって続いていくことでしょう。

その古きものを大切にする温かい心こそ、イギリスの豊かさだと思うのです。

日本では長野県小布施町で、１９９１年にブラムリーの栽培が始まりました。イギリスからＲＨＳを通じて海を渡ってきたブラムリーの穂木を、小布施で栽培していた「ふじ」などのリンゴの木に接いだのです。生食でおいしいリンゴの栽培を目指したわが国のリンゴ栽培に、ブラムリーという、イギリスで愛されてきた料理用リンゴの文化が加わりました。

ブラムリー原木生誕200年を記念して描かれたブラムリーの絵は、大聖堂のショップで販売されているカードに使われたり、包装紙の図柄に用いられたりして人々に親しまれている。絵について教えてくれたのは、サウスウェルのタウン・カウンシル職員のオノアさん。

伝統的なお菓子

イギリスとひとくちに言っても風土はさまざま。
その地方ならではの自然や歴史に生み育てられた、
“由緒正しきティータイムの主役たち”を
紹介します。

伝統的なお菓子

ヨークシャー・ファットラスカル

Yorkshire Fat Rascals

イングランドの小麦北限の地といわれる、ヨークシャーならではの伝統菓子。
老舗ティールーム「ベティーズ」の看板商品として有名。

イギリスでティーケーキと呼ばれるものは、大きく3種類に分けられます。まぎらわしいのでちょっと整理してみますと、1つめは、グリドルという鉄板で焼く、ドライフルーツが入った平べったい焼いたお菓子。2つめはドライフルーツやスパイスが入った、オーブンで焼きあげるパウンドケーキ型のもの。3つめはケーキと言いながら、実際は丸いパン。

イギリスに入ってきたばかりの頃の紅茶は、高級品で庶民の手には届きませんでしたが、値段が安くなり、家庭で飲まれるようになった19世紀以降、紅茶とともに味わうお菓子がイギリスの地方で作られ、定着していったのでしょう。アフタヌーンティーのような上流階級のお茶の習慣は庶民にはとうてい手に届くものではなかったのですから。

その家庭菓子の文化が今もイギリスのお菓子には息づいていると思うのです。

材料（直径6cmくらいの円形のもの6個分）

薄力粉……150g
ベーキング・パウダー……小さじ1/2
シナモン……小さじ1/2
ナツメグ……小さじ1/4
塩……ひとつまみ
無塩バター　70g
（1cm角に切って冷蔵庫で冷やしておく）
グラニュー糖……50g
レーズン……70g
卵……大1/2個
牛乳……25cc

仕上げ用
卵黄……1個分
（水大さじ1を加えてよく混ぜる）
ドライクランベリー……適宜
アーモンド（ホール皮むき）……適宜

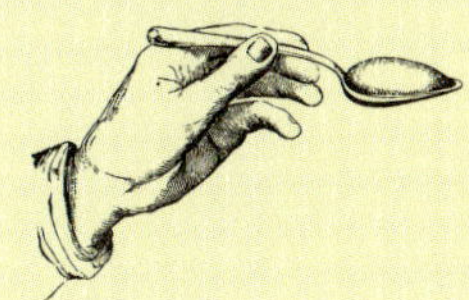

作り方

1. オーブンはあらかじめ200℃に温めておく。薄力粉、ベーキング・パウダー、塩、シナモン、ナツメグを合わせてボウルに振るい入れる。バターを加え、ナイフでさらに細かく刻み、両手で擦り合わせるようにして、ほろほろのパン粉状にする。

2. グラニュー糖、レーズンを加えてよく混ぜ合わせる。卵と牛乳をよく混ぜ合わせたものを加えて、ひとまとめにする（ここまでをフードプロセッサーでも作ることもできる）。

3. 生地を6等分にし、丸く形を作る。天板に並べ、上面が平らになるよう、やや押しつぶすようにして並べる。卵黄と水を溶いたものを上面に刷毛で塗り、ドライクランベリー、アーモンドで飾りつける。

4. あらかじめ200℃に温めておいたオーブンで、表面がきつね色になる程度に15分〜20分ほど焼く。焼けたら金網にのせて粗熱を取る。

ファット・ラスカルは、ヨークシャー地方に伝わるティーケーキのひとつ。

グリドルで焼くお菓子のひとつです。スコーンには今もスコットランドの主婦が得意とする、オーブンではなく、グリドルで焼くタイプのもの、ドロップ・スコーンがありますが、ラスカルもその流れをともにする、ヨークシャー地方のスコーンともいわれるもの。ヨークシャー・ムーアに咲くヒースが堆積してできる泥炭（ピート）を燃料にした火の上で、鉄板にのせて焼いていたのが始まりです。そのためターフ（泥炭）ケーキ（Turf cake）とも呼ばれます。

イギリスの定番 グリドルで焼くお菓子

イギリスではおなじみの調理器具。焼いているのはドロップ・スコーン。

カンタベリーの大聖堂とイングランドの南北を分けるキリスト教の中核として、古い文化の伝統が息づくヨーク大聖堂を擁するヨーク市。

　この市を中心にヨークシャーと呼ばれる一帯が広がっているのですが、東にヨークシャー・ムーア、西にヨークシャー・デールという2つの国立公園を有し、自然にも恵まれています。

　夏には一面どこまでも紫のヒースの花が咲き乱れ、その中を歩いていると、その自然の中からラスカルのようなお菓子が生まれ、育ったことを実感するのです。

　ヨークシャー・デールはイングランドにおける小麦栽培の北限といわれ、この小麦も焼き菓子や料理の発展には大切な要素であったのでしょう。

　1919年に創業以来、ヨークシャー地方にのみ6店舗を構える老舗ティールーム「ベティーズ」の看板商品ともなったこのお菓子。「ファットラスカル＝太っちょのいたずら坊や」というキュートな名前が示すとおり、坊やの顔のようにチェリーとアーモンドがあしらわれ、中はオレンジピールとスパイスが効いて、どっしりとした食感です。

　併設されたショップで買うこともできますが、ティールームでは温めたラスカルに添えられたバターを塗っていただくのが定番です。

ヨークシャーを象徴する風景

ヨーク大聖堂。現在の姿になったのは15世紀。

ヨークシャー地方にのみ店がある、老舗ティールーム「ベティーズ」

お茶に合うお菓子がたくさん売られ、
中のティールームでいただくこともできる。

ヨークシャー・ファットラスカルは
ベティーズで売られている人気のお菓子。

ヒースの紫色の花がムーアの一面に咲くヨークシャーの夏。ヒースが堆積してできる泥炭を燃料にして火を起こし、鉄板で焼いたのが、ヨークシャー・ファットラスカルの始まりといわれている。

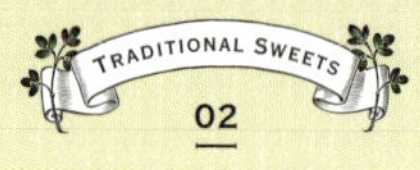

伝統的なお菓子

ベイクウェル・プディング

Bakewell Pudding

ダービシャーの小さな町、ベイクウェルの宿屋の
ウェイトレスの失敗から、今も愛される町の名物に。

「失敗は成功のもと」

フランスではタルトタタンがそうであったように、イギリスではベイクウェル・プディングが失敗から生まれたお菓子として有名です。

1850年代のある日のこと（アンがウエイトレスとしてやってきた1851年から、グリーブ夫人が引退する1857年の間ということになるようですが）、ダービシャーにある小さなマーケットタウン、ベイクウェルの町の中央、ルートランド・スクエア(Rutland Square)に建つホテル、「ルートラ

ルートランド・アームズ

ベイクウェル・プディングが誕生したホテル。

材料（縦20cm、高さ5cm程度の楕円の型　1個分）

パフ・ペイストリー……175g
（48ページのメイズ・オブ・オナーのレシピ参照
または市販のパイ皮を使ってもいい）
無塩バター……75g
グラニュー糖……75g
卵……3個
アーモンドエッセンス（好みで）……少々
アーモンド粉（好みで）……大さじ1
イチゴジャム……大さじ2

作り方

1. オーブンは190℃に温めておく。横の長さ20cm、深さ5cmほどの楕円のパイ皿または耐熱容器を用意する。パフ・ペイストリーを打ち粉（強力粉・分量外）を振った台に出し、めん棒で3〜5mm程度の厚さに伸し、型に敷き詰める。型からはみ出した余分な生地はナイフで切り落とす。底の部分にイチゴジャムを塗る。

2. 室温に戻したバターとグラニュー糖をボウルに入れ、泡立て器で擦り混ぜる。そこに溶いた卵を少しずつ加えてよく混ぜ、好みでアーモンド粉とアーモンドエッセンスを加える。1で用意したパイ皮を敷いた型に流し入れる。

3. あらかじめ温めておいたオーブンに入れ、25〜30分焼く。フィリングがよく膨らみ、触ってしっかりとした感じになると焼きあがり。

4. オーブンから取り出し、数分間そのままにして落ち着かせる。温かいうちにカスタードクリームやアイスクリームとともに、もしくは冷めてからいただいてもおいしい。

ンド・アームズ（the Rutland Arms）」でのことでした。

当時は「ホワイト・ホースイン（White Horse Inn）」と呼ばれていたこの宿屋の女主人、グリーブ夫人（Ann Greaves）がお得意のストロベリー・ジャムタルトを作ろうとしていました。ウェイトレスとして働いていたアン（Ann Wheeldon）にそのレシピを渡して、作るように言いつけたところ、アンはバター、卵、砂糖で作ったタルトの上にストロベリー・ジャムをのせると書かれていたレシピを誤って作ってしまいました。ストロベリー・ジャムを塗ったペストリーの上に、タルト生地の材料のバター、卵、砂糖を合わせたものを流し入れて焼いてしまったのです。

ところが、それを客に出してみると、意外にもおいしいと好評になりました。以来宿屋の名物となり、さらにはこの町を代表するお菓子となったのでした。

こういったお菓子の誕生はいずこも同じで諸説あるものですが、このベイクウエル・プディング誕生のお話は、グリーブ夫人の子孫であるPaul Hudson氏が2012年に出版した『Mrs Ann Greaves of the Rulland Arms and the Bakewell Pudding』から紹介しました。

今もその伝統を受け継ぐレシピで焼き続けているのが、マトロック通りにある「ブルーマーズ（Bloomers）」と、スクエアにある「オールド・オリジナル・ベイクウェルプディング・ショップ（The Olde Original bakewell Pudding Shop the Square）」です。

カリッと焼けたパイ皮に、プリンを固くしたような、しっかりとしたカスタードの味わい。これでもか、というほどにたっぷりとカスタードをかけて食べるのが定番のようですが、実際食べるとかなりの甘さです。

『The Oxford Companion to Food』によると、さかのぼること15世紀、中世の時代にflathonsと呼ばれる、パイ皮の中にカスタードを入れて焼いたお菓子がすでに存在していたとのこと。それは「エッグタルト」と呼ばれて作られ続けました。ベイクウェル・プディングの名が、文献に最初に登場するのは1826年のMargaret Dodsの本です。

そして1845年のEliza Actonの本では「このプディングはダービシャーだけでなく、ほかの北の地域でも知られている。行事の時などにふるまわれる」とあります。さて、真実はいかに……。

19世紀の味を受け継ぐ

オールド・オリジナル・ベイクウェル・プディングショップ。

カスタードをたっぷり

店ではカスタードをたっぷりかけていただく。

古くからマーケットタウンとして栄えた
ベイクウェルの町並み。

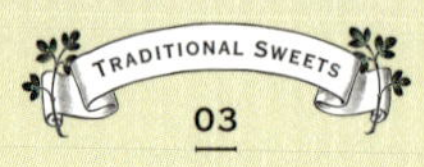

伝統的なお菓子

メイズ・オブ・オナー

Maids of Honor

王と王妃を魅了した極上レシピはいまだに門外不出、秘密のまま。
キューガーデン前の老舗ティールーム「ニューエンズ」でしか味わえないタルト。

キューガーデンを囲む長い壁の向かいに、まるでタイムトリップでもしたかのように、そこだけ時が止まったかのようにたたずむティールームがあります。

それが「ニューエンズ」。

この店との出会いは、ハーブ留学した初めてのイギリスで、キューガーデンの中にあるキューパレスに造られたハーブガーデンと、その担当者のハリウエル教授を訪ねた時のことでした。30年以上も前のことです。

今やいずこも同じコーヒーチェーンが並ぶロンドンですが、その中心部からディストリクト・ラインに乗ってそれほど遠くないところにあるこの店が、昔のまま、イギリスの古き良きティールームとして、そのまま残ってくれている、それをしみじみとうれしく思います。

この店の名物は、看板にもうたわれているように「メイズ・オブ・オナー」というお菓子。

材料（直径7cmのもの約12個分）

パフ・ペストリー
- 薄力粉……175g
- 塩……ひとつまみ
- 無塩バター……175g
- レモン汁……小さじ1
- 冷水……100cc程度

フィリング
- カッテージ・チーズ……175g
- バター……50g
- グラニュー糖……50g
- アーモンド粉……50g
- 卵黄……2個
- ラム酒またはブランデー……小さじ2
- カレント……大さじ2

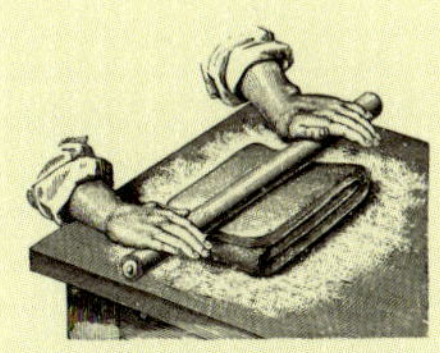

ニューエンズ
19世紀の創業当時からの建物が残る。

作り方

1. まずパフ・ペストリーを作る。薄力粉を振ってボウルに入れ、そこに室温に戻して2cm角に切ったバターを加え、粉をまぶしながらスケッパーで刻む（バターがあずき粒大になるまで）。手のひらを擦り合せるようにしてバターと粉をなじませる（さらさらのパン粉状になるまで）。

2. レモン汁と冷水をよく混ぜたものを1に加えて、ゴムべらで切るように混ぜる。ひとまとめにする。強力粉の打ち粉（分量外）を振った台の上にのせ、幅の3倍の長さになるように薄くめん棒でのばす。下から3分の1の生地を折り、上から3分の1の生地をその上にかぶせる。90度生地を回転させ、同じことを繰り返す。30分間冷蔵庫に入れて休ませる。

3. 取り出した生地を綴じ目を縦にして2と同じことを3回繰り返す。

4. 冷蔵庫で使うまで生地を休ませておく。

5. 生地を取り出し、打ち粉を振った台にのせて5ミリ程度の厚さにのばし、直径7cmの菊型で抜き、タルト型に敷く。使うまで冷蔵庫で休ませる。

6. フィリングを作る。カレント以外の材料をすべてボウルに入れて、よく混ぜる。3の冷やしておいたタルト皮を取り出し、底の生地にフォークで穴を2ヶ所くらい開ける。その中に8分目ほどフィリングを入れる。カレントを上にのせて、あらかじめ200℃に温めたオーブンで10分焼いたら、温度を160℃に下げてさらに15分焼く。焼けたら型から取り出して冷ます。

ニューエンズに偶然通りかかった時、ずらっと並んだ黄金色に焼けたパイ菓子と、大きく掲げられた「王妃につかえる侍女たち」というその名前をウィンドウ越しに見て、どうしても味わいたくなり、引き込まれるようにティールームに入ってしまったのでした。

その歴史は諸説ありますが、ヘンリー8世がアン・ブーリン妃とその侍女たちが楽しんでいるお菓子を1つつまんだことから始まったようです。

「口の中に入れるととろけるようにおいしい」タルトがいたくお気に召したヘンリー8世は、そのレシピを鍵をかけた鉄の箱に入れてリッチモンド・パレスに隠しました。さらにそのタルトを作った侍女までもレシピが外に漏れないように宮殿に幽閉したのでした。

その侍女が会うのは、材料を配達してくるビレさんのみ。彼はこのお菓子の作り方を侍女から教わります。そして、その侍女が亡くなると、リッチモンドにこのお菓子を売る店を開いたのです。

その店で修行をしていたのが、ニューエンズさん。当時のお金で1000ギニアを払って、お菓子のレシピを譲り受け、リッチモンドに店を開きます。その後移転して、今の場所キューロード288番地に店を構えたのでした。

イギリスで今もなお、この店だけで味わうことのできるメイズ・オブ・オナーは、数々の本にレシピは載っているものの、そのオリジナルのレシピは、いまだに秘密のままなのです。

さまざまなイギリス菓子

ニューエンズでは、メイズ・オブ・オナー以外にも魅力的なお菓子がそろう。

スポードのカメラ・ブルー

スポード社のカメラ・ブルーの食器で楽しむアフタヌーンティー。

キューガーデンの始まりとなったキューパレスと、その前に造られたフォーマルな形式の庭園。夏はラベンダーが美しい。

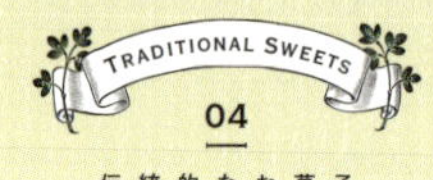

04

伝統的なお菓子

スティッキー・トフィープディング

Sticky Toffee Pudding

中世の趣が残る、静かな村に伝わる湖水地方ならではのお菓子。
こってりとしたトフィーソースをたっぷりかけて召し上がれ。

湖水地方では、レストランでもティールームでも必ずと言っていいほど、メニューに載っているのがこのお菓子。「スティッキー＝べとべとした」という名前からもわかるように、こってりしたトフィーソースが、デーツを入れた軽いスポンジのプディングにたっぷりとかかっています。不思議なことに味わいは重すぎるどころか、やみつきになる絶妙なおいしさ。このお菓子を味わえるのが、湖水地方に行く楽しみでもあります。

スティッキー・トフィープディングが、どこで誕生したのかは諸説あります。

代表的な説は2つあります、1960年代、湖水地方北部、アルズ・ウォーター湖畔にある「シャローベイ・ホテル」のシェフ、フランシス・カルソン氏が作り出したという説と、湖水地方の西、カートメルの町にあるビレッジ・ショップで生まれたという説です。

材料（175ccのプディング型8個分、
または21cmの角型1個分）

デーツ……200g（種を取って4等分くらいに切る）
熱湯……170cc
無塩バター……75g
ブラウンシュガー……140g
卵……2個
薄力粉……175g
ベーキング・パウダー……小さじ1
重曹……小さじ1
牛乳……100cc
モラセス……大さじ2

トフィーソース
ブラウンシュガー……150g
無塩バター……50g
生クリーム……200cc
モラセス……大さじ2

**カートメルの
ビレッジ・ショップ**

スティッキー・トフィープディング発祥の店のひとつ。パック入りのものを買うこともできる。

作り方

1. ボウルにデーツを入れて、熱湯を注ぎ、そのまま30分置く。

2. ボウルに室温に戻したバターを入れ、ブラウンシュガーを加えて泡立て器で擦り混ぜる。卵をよく溶いてから少しずつ加えて、さらによく擦り混ぜる。モラセスを加えて混ぜ合わせる。

3. 2に薄力粉と重曹を合わせて振るったものをまず3分の1加えて混ぜ、牛乳の半量を加えてざっと混ぜる。残りの薄力粉と重曹を加え、さらに残りの牛乳を加えてよく混ぜ合わせる。1のデーツを湯も一緒に加える。きわめて水っぽい種になる。

4. 用意した型に流し入れ、あらかじめ160℃に温めたオーブンで20〜25分焼く。21cmの角型の場合は30〜40分程度焼く。いずれも中央に竹串を刺して種がつかなくなるまで焼く。

5. トフィーソースを作る。鍋にブラウンシュガー、無塩バター、生クリームの半量を入れて、中火にかけ、絶えずかき混ぜながら、砂糖を溶かす。モラセスを加え、沸騰する程度に火を弱めて、そのまま2〜3分煮詰める。最後に残りの生クリームを加えて、温まったら火を止める。

6. 焼き立てのプディングに温かいソースをかけていただく。また、プディングにソースの半量をかけてそのまま1〜2日間置いてよくソースをなじませてもおいしい。その場合は、食べる直前に180℃に温めたオーブンで15〜20分程度温めていただくといい。いずれの場合も生クリームやアイスクリームを添えるとおいしい。

12世紀に建てられた修道院があり、今もなお中世の趣を保ちながら、ひっそりと息づく村、カートメル。1537年、ヘンリー8世による修道院解散の際にも、この修道院は生き残りました。

この村の中心は修道院から小さな橋を渡ると現れる、スクエアとよばれる広場。この広場を取り囲むように、ホテルやパブ、カフェ、インテリアの店などが心地よく並んでいます。

修道院から歩いていくと、スクエアの向こうにひっそりと建つのが、ビレッジ・ショップです。店の中は、どこにでもあるような村の雑貨店の趣で、紅茶や小麦粉などの日常品が所せましと置かれています。その中にあって、冷蔵庫にずらりと並んだスティッキー・トフィープディングのパッケージが目を引きます。

スティッキー・トフィープディングはこの店の奥にあるキッチンで生まれました。現在もひとつずつ丁寧に手で作られ、今やロンドンでも売られるほどに、人気を博しています。

2階にあるティールームでは、そのプディングを味わうこともできます。温かいプディングにバニラアイスクリームを添えると、なんとも言えない甘さとおいしさの調和を楽しむことができます。

湖水地方を訪れた数だけ、このプディングとの出会いがあるといってもいいかもしれません。

ピーター・ラビットの生みの親、ビアトリクス・ポターが暮らしたニアソーリー村にあるホテル、イースワイクにはよく泊まりました。そこでは、オーナー兼シェフのジョンさんからスティッキー・トフィープディングの作り方を習ったこともあります。ジョンさんが教えてくれた味わいにはその人柄とともに大切な思い出が込められています。

12世紀からの建造物が残る

(右) 村の中心「スクエア」には市がたっていたことを表す古い石柱（マーケット・クロス）が立っている。(左) 12世紀から残るカートメル修道院教会。修道院解散によって破壊されたが、長い年月をかけて修復され、今の姿となった。

イングランド北西部にある湖水地方は、山や湖が多い風光明媚な土地。世界遺産にも登録されている。

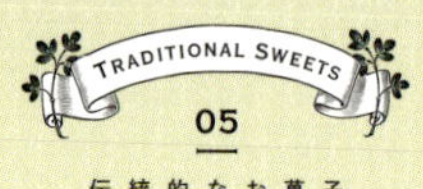

伝統的なお菓子

グラスミア・ジンジャーブレッド

Grasmere Gingerbread

ビクトリア時代、働く女性の草分け的存在が生んだ人気商品。
大英帝国にもたらされた南国のスパイスと砂糖を使ったお菓子。

「サラ・ネルソン（Sarah Nelson）」はグラスミアの町にある、ジンジャー・ブレッドの老舗。お客さんが2人入ると満員になるような小さな店です。この建物は、1660年～1854年までは教会に属した学校でした。義務教育が導入され、新しい学校がグラスミアの町に新設されると、サラ・ネルソンとその夫、2人の娘がこの家に引っ越してきます。

その家はセントオズワルド教会と、その墓地に隣接して建ち、サラの夫であるウィルフレッドは墓堀りとして雇われたのでした。サラは家事全般、特に料理が得意で町のお屋敷、デールロッジ（DALE LODGE）の女主人のために食事やケーキを作って働いていました。彼女の料理の腕前は町中の評判だったのです。

「ビスケットでもない、ケーキでもない、その中間のような独特の味わい」を持つ、サラお得意のジンジャーブレッドはおそらく1854年頃にはレシピが完成していたのではないかと想像されています。

材料（18cm角型1個分、12個に切り分ける）

薄力粉……170g
ジンジャー・パウダー……小さじ1
重曹……小さじ1/4
塩……ひとつまみ
無塩バター……90g
（1cm角に切って冷蔵庫で冷やしておく）
ブラウン・シュガー……90g

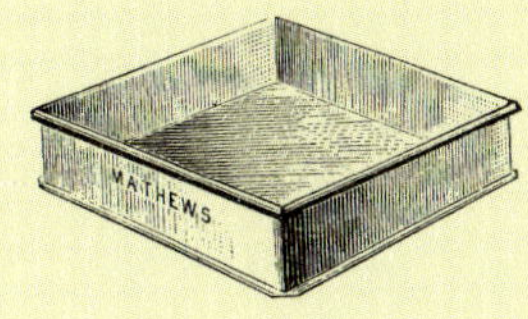

作り方

1. 角型の底にベーキングペーパーを敷いておく。オーブンは180℃に温めておく。薄力粉、ジンジャー・パウダー、重曹、塩を合わせてボウルに振るい入れる。バターを加え、ナイフでさらに細かく刻み、両手で粉類と擦り合わせるようにして混ぜ、ほろほろのパン粉状にする。ブラウン・シュガーを加えて混ぜる。

2. 用意した角型に1の種の3分の4を広げ、指先で押さえつけるようにして、ぎゅっと敷き詰める。その上に残りの種を全体に振りまくようにしてのせる。焼いてからすぐに切り分けられるようにあらかじめ12等分にナイフで筋をつけておくといい。

3. あらかじめ温めておいたオーブンで約30分、表面がうっすらときつね色になる程度に焼く。温かいうちに切り目をつけたところにナイフを入れて切り分ける。完全に冷めてから、密閉容器などに入れて保存する。

硬い生地の上にほろほろとした香ばしいトッピングがあり、全体にはピリッとしょうがの辛みが効いています。七つの海を制した大英帝国時代、湖水地方にある港・ホワイトヘブンには、しょうがなどのスパイス類や砂糖も遠く南の国からもたらされていました。

1855年、サラは手作りで焼いたジンジャーブレッドを、家の前に出したテーブルに並べ、近くの宿屋の常連客や旅人に販売しはじめました。おりしも鉄道の発達にともない、多くの人がホリデーを過ごすために湖水地方にやってくる時代が始まっていたのでした。

グラスミアにある
ジンジャー・ブレッドの店、
サラ・ネルソン

（上）サラ・ネルソンの小さな店。
（下）店の前に座るサラ夫人（1890年代）。

サラのジンジャーブレッドはそのおいしさが評判を呼び、売り上げも好調。小さなこのコテージで焼き、包んで売る、というビジネスをサラは50年も続けることになります。ビクトリア時代にあって、彼女こそまさしく働く女性の草分けそのものとなったのでした。

その気骨のある生き方はこの地に根を下ろして、自然保護に尽力したピーターラビットの生みの親、ビアトリクス・ポターにも通じるような気がします。

1904年に88歳でサラが亡くなると、2人の姪がその家業を継ぎました。ただし、サラは手書きのレシピを地元の銀行の金庫に預けたので、そのレシピは今もなお門外不出とされています。

サラの店に行くと、扉の向こうからジンジャーブレッドを焼くいい香りが漂ってきます。それこそ、サラの時代から続く、手作りの証です。

湖水地方の動物たち

ウシやヒツジなどの動物の姿が見られる、のどかな風景。湖水地方特有のハードウィック種の羊の赤ちゃん。

ワーズワースも愛したグラスミアの自然

グラスミアには詩人のワーズワースも住んだダブ・コテージがある。彼が愛した豊かな自然が広がっている。

クラシックなボンネットと包装紙

サラ・ネルソンは店員さんのクラシックなボンネットとエプロン姿がかわいい。青いマークが印刷されたシンプルな包装紙もおしゃれ。

セントオズワルド教会の墓地にサラ・ネルソンも眠る。教会の敷地内にある墓地で今も見守っている。

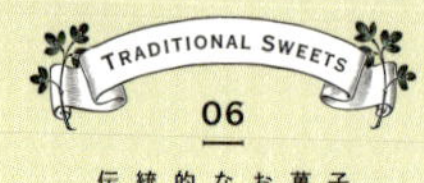

06

伝統的なお菓子

クラナハン

Cranachan (Cream-Crowdie)

小麦が栽培できないスコットランドだからこそ、生まれたデザート。
乏しい気候の北の最果ての土地が作り出した、豊かな味わい。

スコットランドの北の最果ての地、「ウィック（Wick）」にあるアッカーギルタワー。このお城のような邸宅で、夢のような滞在を楽しんだことがありました。その夕食で出されたデザートがクラナハン（Cranachan）でした。

うっすらとつぶつぶが見える、こってりとしたクリーム状のものがグラスに盛られています。

土地も貧しく、気候も厳しいスコットランドの地では、小麦は栽培できません。栽培できる作物といえば燕麦で、燕麦を加工したものがオートミールです。クラナハンの中に見えるつぶつぶは、炒ったオートミールの粒だったのです。

「スコットランドでは人が食べ、イングランドでは馬にやるもの」

1755年に出版されたサミュエル・ジョンソン博士の辞書では、燕麦についてこう述べられています。

クラナハンはその貧しい食べ物のはずの燕麦、オートミールにウィスキー、ヒ

材料（4人分）

オートミール
（ピンヘッドというオートミールの種類が伝統的に使われる）
……75g
ブラウンシュガー……大さじ1
ラズベリー……200g
生クリーム（またはヨーグルト）……300cc
はちみつ……大さじ4
ウイスキー……大さじ4

1858年に描かれた絵。
右が燕麦。

作り方

1. 温めたフライパンにオートミールとブラウンシュガーを合わせ、中火にかけ、砂糖が溶け、オーツ麦がこんがりときつね色になるように炒る。キッチンペーパーにのせて冷ます。

2. ラズベリーは150gをフォークでつぶす。

3. ボウルに1のオートミール、生クリーム、はちみつ、ウイスキーを加え、さらに2のラズベリーを加えて、さっと混ぜ合わせる。

4. グラスに盛り付け、仕上げに残しておいたラズベリーを飾る。

※スコットランドでは家族がテーブルでそれぞれ木のボウルと角でできたスプーンを使い、ローストしたオートミール、クリーム、ヒースのはちみつ、ウイスキーを好みで合わせて作るのが伝統的な食べ方だった。

ースの花のはちみつ、クリームという、スコットランドならではの名産ばかりを合わせたもの。シンプルながら、スコットランドの自然が生み出した豊かな味わいばかりを1つのグラスに閉じ込めた、むしろ贅沢なデザートといえそうです。

クラナハンは、そもそもは細かく挽いたオートミールと水を、火を加えずに混ぜ合わせただけのものでした。クラウディ（Crowdie）とも呼ばれ、スコットランドで広く食べられていた朝食でした。

それが秋の収穫を祝う特別な日には水をクリームに変えて作るようになり、クリーム・クラウディ、またはクラナハン

スコットランドのデザート

美しく盛り付けられたクラナハン。
ちょうど収穫の季節に野生で実る、
ブラックベリーやラズベリーなどを
加えて楽しまれてきた。

と呼ばれる、伝統的なデザートになりました。

　そのクリーム・クラウディに真っ赤なラズベリーを加えたものをクラナハンと呼んで、区別するようになったという説もあります。ちなみにクラウディは、カッテージチーズのようなソフトチーズを意味することもあります。スコットランドでは古くヴァイキングの時代から家庭で作られてきたものです。

　クリーム・クラウディの古いレシピには、そのクラウディと呼ばれるソフトチーズと生クリームを2対1で混ぜ合わせたものがあります。現代ではヘルシー志向の影響で、生クリームの代わりに、ヨーグルトを使って作る低カロリーのレシピも多く見られるようになっています。

　私が久しぶりにクラナハンを味わったのは、スコットランドの町、ダンケルド&バーナムを訪ねた時のことでした。

　そこはエジンバラから車で2時間ほどのところにあり、テイ川が流れ、ハイランドの入口だけあって豊かな自然あふれるところでした。

　ビアトリクス・ポターはここで、5歳から毎年のように長い夏休みを過ごし、自然に親しみ、キノコの研究に惹かれていきます。世界一有名なウサギ、ピーターラビット誕生のきっかけとなった絵手紙を送ったのも、テイ川沿いに今も建つ、イーストウッド荘からでした。

　この町のほど近くで、私が宿として選んだB&Bの庭では、赤リスが元気に駆け回っていました。湖水地方はもとより、英国全土でもはや絶滅危惧種となっているこの赤リスこそ、ポターの「りすのナトキンのおはなし」の主人公です。絵本の世界は、スコットランドのこの地で、貴重な自然とともに、またクラナハンの味わいとともに生き続けています。

今も残されているビアトリクス・ポターの世界

「りすのナトキンのおはなし」の主人公、赤リス。

ポターが夏を過ごした、
テイ川沿いにあるイーストウッド荘。

ダンケルドでテイ川に合流するブラーン（Braan）川。ポター一家と親交のあった画家のミレイはその川沿いをスケッチに訪れ、数々の名作を生み出した。

Column 3

純銀製のポット

「Twice Touched」という言葉に今も魅かれています。

アンティークの魅力についてこれほど明確に言い当てている言葉はないように思うのです。

古いものを手にした時、自分の手が触れたとたん、その品が長い年月を経てきた歴史を語りはじめる瞬間の、独特なときめきとでも言ったらよいでしょうか。

私がアンティークのものに惹かれる魅力はそこにあります。

ティースプーンやナイフなどお茶まわりのシルバーのアンティークは少しずつ集めていましたが、シルバーのティーポット、しかも純銀製のアンティークのポットを持つことは長年の夢でした。

「高価ではあるけれど、シルバーのティーポットを持っていれば、どんな柄のティーセットにも合わせられる」

それは、アンティークに詳しい、エリザベスさんのご主人から学んだことでした。エリザベスさん自身もご自慢のアンティークのティーポットでいつもお茶をいれてくれました。

アーティストとして活躍するエリザベスさん。身につけているスカーフもご自身の作品。彼女のティーポットは亡き夫との思い出の品でもある。

銀製のポットはたたずまいが優美であるだけでなく、熱伝導のよさから紅茶の味わいがよくなるともいわれています。そうはいってもその意見には賛否両論あり、陶器のほうがおいしいというイギリス人もいるのですが……。

アンティーク商をしているローラさんからはアンティークは欲しいものがあったら、まず勉強すること、その時間はアンティークの品を手に入れることよりも大切と教わりました。

アンティークを見て、勉強し、自分の目にかなうものに出会ったのなら、それがたとえ背伸びをするような値段であったとしても手に入れるべきだと。ただし、これ以上のものに出会うことはないという確信にも似たひらめきが必要であると。

だからこそ、アンティークには一期一会の運命的な出会いがあるのだと熱く語ってくれました。

今思い返すとあの時、あの場所で買っていなかったら、という銀のアンティークの数々が私の暮らしを彩っています。

ローラさんとの出会いはウィンブルドンのパブで開催されたアンティーク・フェア。今も大切にしている、純銀製のアンティークの数々はすべてローラさんから購入した。

銀器はイギリスが古代ローマに征服された時から富と権力の象徴でした。銀器はその重さにより、貨幣と同じ価値で取引されたのです。そこで、その銀器が純銀（スターリング・シルバー）で作られたことを示す刻印が押されるようになったのでした。純銀製のものには4つもしくは5つのマークがついています。これがイギリスのホールマーク制度といわれるものです。

・ライオンのマーク（当時の銀貨と同じ純度92・5％を示す）
・メーカーズ・マーク（銀製品が作られたメーカーのイニシャル）
・アセイマーク（どこで作られたかを表す）
・デートレター（アルファベットで作られた年を表す）
・デューティーマーク（徴税確認刻印。18世紀末から約百年導入）

アンティークの銀製品では特にこのホールマークが重要になりますが、これを調べることができる解説書も刊行されています。

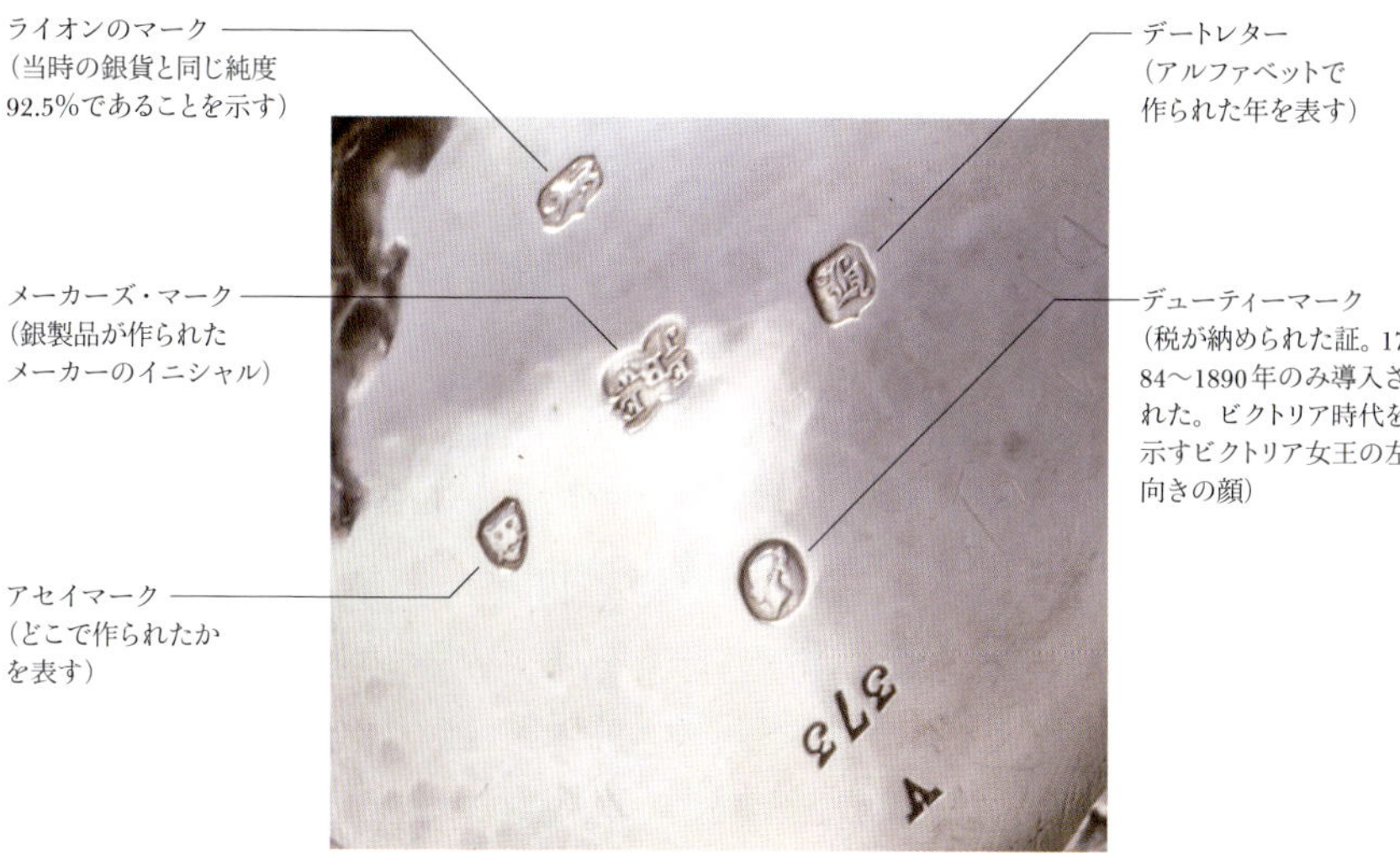

純銀製のアンティークにとって
重要なホールマーク。

バラの飾りがついたマッピン＆ウェッブ社のボンボンディッシュ。

シェル型のティースプーンのコレクション。

私にとって運命の出会いとなったティーポットは、1834年のウィリアム4世時代に、エドワード・ジョン&ウィリアム・バーナード社（一般にバーナード社と呼ばれることが多い）によって作られたもの。

花や葉の装飾を使った作風がなんとも優美でひと目でとりこになりました。

名作といわれるポットは単独で見つかることがほとんどです。このバーナード社の工房自体の歴史は1860年頃までにさかのぼることができ、世界最古のシルバースミスと称されています。品質の高さ、繊細さが高く評価されているこの会社は、銀職人アンソニー・ネルムによって創業、エドワード・バーナードとその息子たちによって花開きました。

1977年にパジェット&ブラハムによって買収されるまで、ロイヤルファミリーや英国貴族の御用達とされるなど、長い歴史を作り上げました。

ロイヤルベビーの洗礼で使われる「リリー・フォント」は、1841年、ビクトリア王女の洗礼のためにビクトリア女王の依頼で作られた。手がけたのはエドワード・バーナード&ソンズ社で、純銀に金箔をかぶせた豪華なものである。絵は1841年にチャールズ・ロバート・レスリーが描いた洗礼の様子。真ん中に置かれているのがリリー・フォント

エレガントなデザインのバーナード社製のティーポット。

ビクトリア朝に作られたカトラリー。特に母貝が柄に使われたカトラリーは今では作ることができない、貴重なもの。

エリザベスさんのティーポット。Richard Pearce & George Burrows 社製のものである。

警察官だった夫のジェフさんにちなんで、リビングには警察官の絵が飾られている。

アップルチャツネを味わったケイさんの家

アップルチャツネの作り方と、すっきり清潔に整えられた空間を
見せていただきました。

置物や絵や花を上手に飾る。

窓からリンゴの木が見えるサンルーム。

清潔、シンプルだけど好きなものを飾って心豊かに

ハーブいっぱいの庭を手入れするのは夫のジェフさん。

アフタヌーンティーに使うスタンドを活用。本来のスタンドはテーブルではなく床に置いて使った。

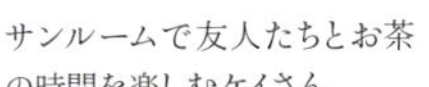

サンルームで友人たちとお茶の時間を楽しむケイさん

「私のチャツネは鍋なんかで煮ないのよ。ボウルひとつ、電子レンジで魔法のようにできちゃうのよ」

そう言って少女のように笑うケイさんは、地元にある公立小学校の校長先生を務めた方だけあって、はきはき、きりっとした口調で、しっかり者の雰囲気。ケイさんとは対照的におっとりとした雰囲気の夫のジェフさんは、元警察官でした。

リビング、ダイニングと隔離した、独立型のキッチンは、無駄なものは何も外に出ていなくて、すっきりと清潔に整えられています。いかにもできる女性の台所といった空間です。

並んでいるのはすぐに使えるようにずらっと吊るされた、お玉やフライ返しなどの調理小物。いずれも黒色の同じシリーズでそろえられ、まるでシンプルな

サウスウェルで種から大きくなった
唯一無二のリンゴの木

故郷であるノッティンガムのサウスウェルで生まれた、ケイさんの家のリンゴの木は、その苗木が2020年に清教徒たちのように海を渡る。遠いアメリカの地で、たくさんの実をつけることだろう。

色をそろえてすっきりと

シックな黒色のシリーズでそろえられた調理小物。

便利な道具がすっきり整理されているケイさんのキッチン

便利な調理道具を探して使うのが楽しみと語るケイさん。

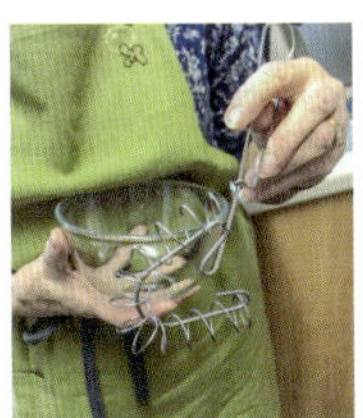

工夫の道具を見つける喜び

（左）針金を丸めたような泡立て器。
（右）ナイフが金具ひとつでピーラーになる優れもの。

洋服を際立たせるアクセサリーのように、キッチンのインテリアのアクセントになっています。

私がチャツネの作り方を習いに訪れた日は、すでに材料がトレーにきちんと並べられて、あとはボウルに入れるだけに準備されていました。作り方はとても簡単。1つのボウルに材料を合わせ、電子レンジで何回か火を加え、煮詰めたような感じになればできあがりです。

チャツネはチーズと相性が良いので、チーズとパンと野菜を盛り合わせた、いわゆる農夫の昼食、プラウモン・ランチに添えられますし、チーズと一緒にチャツネを挟んだサンドイッチは定番中の定番です。

セージやローズマリー、タイムが茂る、小さいながらよく手入れをされたケイさんご夫妻の庭、そこにはシンボルツリーのようにリンゴの木が1本あります。これは前の住人が種から育てたもので、DNA鑑定の結果、まるでブラムリーのように元のリンゴとは異なる、唯一無二の種類の木であることが判明しました。

このリンゴの木は「ピルグリム400」と名付けられ、清教徒の人々がアメリカへ渡ってからちょうど400周年になる2020年を記念して、ケープ・コッド（現在のプロビンスタウン港）にその苗木を植樹することになったそうです。そのリンゴの木をサンルームから窓越しに眺め、手作りのアップルチャツネを、おいしいクラッカーにのせたチーズとともに味わう。なんと幸せなひとときでしょう。はるか昔、このイギリスを離れ、新大陸に向かった人々の心に思いを馳せました。

ケイさんのアップルチャツネ

インドを植民地としていた時代に、イギリスにチャツネが取り入れられたようです。イギリスでは甘さが強調され、果物に玉ねぎやスパイス、砂糖などを加えて煮た、ジャムのようにとろっとしたものとなり、しかも保存のきくものになりました。中でもマンゴーチャツネが最も人気があったようです。

6ヶ月間保存できる

常温で約半年保存できる。今でもチャツネはイギリスの食生活に欠かせません。

材料（4人分）

トマト……280g（皮を湯むきしてから刻む）
リンゴ（ブラムリーが望ましい）……280g
（皮をむいて刻む）
玉ねぎ……中1個（みじん切り）
レーズンまたはソルタナ……280g
塩……小さじ1 1/2
ミックス・スパイス……小さじ1 1/2
にんにく……ひとかけ（刻む）
ブラウンシュガー……150g
モルトビネガー……300cc

＊ミックススパイスはシナモン、クローブ、ナツメグなどを合わせたもので、イギリスでは市販品がある。手に入らなければシナモンだけ、またはシナモン、クローブ、ナツメグなど数種類を自分でミックスしてもいい。

作り方

1. トマト、リンゴ、玉ねぎを大きめのボウルに入れる。ラップ材を軽くかぶせて、電子レンジ（500W）で5分加熱する。
2. かき混ぜてから、再び電子レンジに戻してさらに5分電子レンジで加熱する。
3. 残りの材料すべてを加える。時々かき混ぜながら、全体で25分間電子レンジで加熱する。
4. もし、まだ水っぽいようだったら、様子を見ながらさらに電子レンジで加熱する。
5. 熱いうちに保存瓶に入れる。

スパイスたっぷり
大英帝国時代の
名残の味

カレーの薬味やドレッシングとしても使える。ケイさんのレシピは電子レンジで手軽にできるのがうれしい。

かき混ぜながら電子レンジで何度も加熱する。

スパイスと調味料を加えさらに加熱。水分を飛ばす。

スコーンは焼き立てが一番。オオカミの口のような割れ目はおいしいスコーンの証。

マーケットで人気のケーキ名人 ジャネットさんのスコーン

バースデーケーキやクリスマスケーキなど、地元の人たちからの注文が絶えないケーキ名人。お宅でスコーンのレシピを教えてもらいました。

イギリス南西部、デヴォン地方にある村バックランド・モノクラムでの暮らし

国立公園としても知られる美しいダートムアのほど近くにあるバックランド・モノクラム（Buckland Monachorum）。右写真はデヴォン地方特有の高い生垣に囲まれた田舎道。

イギリス南西部、デヴォン地方のダートムアのほど近くにひっそりとたたずむ村、バックランド・モノクラム。その村でケーキ名人として有名なのがジャネットさん。村の中心部から離れた緑の中にひっそりと建つ家に、娘さん一家と一緒に住んでいます。一緒といっても家は2つに分かれ、それぞれが独立しているので、まるで2世帯住宅のような感じです。

最近新しく改装したというキッチンはジャネットさんのご自慢。1人暮らしの彼女にとって、このキッチンはお菓子工房そのもの。ピカピカの電気オーブンが誇らしく輝き、ジャネットさんのお菓子の腕前を支えています。

ジャネットさんはお店こそ出していませんが、タビストックの町にあるマーケットで、手作りケーキを定期的に販売しています。

その腕前を知り、地元の人たちからは家族の誕生日のバースデーケーキやクリスマスケーキなどたくさんの注文が舞い込むというわけです。

私が訪ねた時は、まだ10月だというのに注文のクリスマスケーキを焼くためにドライフルーツが用意され、準備が着々と整えられていました。

イギリスのクリスマスケーキは、レーズンなどドライフルーツをたっぷり入れた、どっしり重い、フルーツケーキが定番です。それを焼くのは、クリスマスのひと月前には終えておかねばなりません。なぜなら焼いたフルーツケーキに、竹串などで小さな穴を開けて、ブランデーやラム酒を注入して熟成させる必要があるからです。これは

マーケットの人気者

チョコレートケーキ、レモンケーキなど、タビストックの町に立つマーケットでさまざまな手作りケーキを売るジャネットさん。

クリスマスケーキの準備も開始

10月にお邪魔した時には、既にクリスマスケーキ用のドライフルーツも用意されていた。

feeding「フィーディング」と呼ばれ、ケーキに「えさを与える」、そしてお酒の力と香りでケーキをしっとりとおいしくさせる、欠かせない隠された工程なのです。

「お茶の時間にスコーンを焼きましょうね」

そのピカピカのキッチンで、ジャネットさんはささっと手際よくスコーンを焼いてくれました。最近ではフードプロセッサーであっという間に生地を作ってしまうレシピをイギリスのお菓子の本でもよく見かけますが、ジャネットさんはバターと粉を手で擦り合わせてなじませ、パン粉のように一体にします。

「機械では粉とバターが手で擦り合わせたようにはなじまない。ここがスコーン作りの一番大切なところなのに」

それが、彼女が今もこの作り

お茶の時間を豊かにする、素朴なお菓子

キュウリのサンドイッチ

具はキュウリだけの伝統的なサンドイッチ。

マデーラケーキ

週1度、村に住む奥さんたちはジャネットさんのケーキでお茶会を楽しむ。

ピカピカのキッチン ジャネットさんのお菓子工房

清潔で使いやすく整えられているキッチン。大きな電気オーブンも誇らしげ。

方にこだわる理由です。

スコーンはなんといっても焼き立てが一番。しかも手作りのホームメイドのスコーンに勝るものはありません。手作りのスコーンはお茶の時間に欠かせないお菓子です。

粉と卵、バターとミルク、それにベーキング・パウダーさえあれば、短時間に作れるスコーンはお母さんから娘へと代々レシピが伝えられ、その家ならではの味わいがあるもの。娘が最初にお母さんから習うお菓子もスコーンだと昔からいわれています。

私が教えてもらったイギリス人の中でも、卵も牛乳も入れずに水だけで作る人、牛乳にレモン汁を加えてバターミルクの代用として使う人、バターとラードを半量ずつ合わせて作る人などいろいろです。

ジャネットさんの スコーン

クリームが先か？ ジャムが先か？

スコーンを横に2つに切った後、クリームを先に塗って、ジャムをその上にのせるのがデヴォン流、ジャムを先に塗って、その上にクリームをのせるのが、コーンウォール流。これで長い間、ちょっとした争いが続いているというのです。

「どちらでもいいのよ」

そう言いながらも、デヴォンに住むジャネットさんが、デヴォン流の食べ方であったのは言うまでもありません。

材料（直径6〜7cmの菊型7〜8個分）

薄力粉……225g
無塩バター……50g
グラニュー糖……25g
ベーキング・パウダー……小さじ2
塩……ひとつまみ
卵1個と牛乳を合わせて150ccにしたもの

作り方

1. オーブンは220℃に温めておく。ボウルに薄力粉、ベーキング・パウダー、塩を合わせて振るっておく。

2. 1cm角に切ったバターを加え、ナイフであずき粒大に切り込み、さらに手のひらでこすり合わせるようにしてサラサラのパン粉状にする。グラニュー糖を加える。

3. 卵と牛乳をよく混ぜ合わせたものを加え、ひとまとめにする。台に取り出し、軽くこね、めん棒で2〜3cmほどの厚さに伸ばし、直径6cmの菊型で抜く。天板に並べ、上面に牛乳（分量外）を刷毛で塗り、あらかじめ220℃に熱したオーブンの上段で約10分焼く。焼きあがりの温かいうちにジャムとクロテッド・クリームをのせていただく。

材料を手で擦り合わせるのがポイント。

混ぜて焼くだけの手軽なお菓子。それだけに奥が深いともいえる。

遠くからサウスウェルの大聖堂の鐘の音が聞こえ、ラベンダーの茂みが前庭を飾るシーラさんの家。

シーラさんが作り続けてきた アップル&ブラックベリー・クランブル

「手をかけてきちんと整えられた家」の象徴である、
ラベンダーの香りが漂う家でのもてなし。

ラベンダー

バスケットに入れられ甘い香りを漂わせていた。

友人のセリアさんから贈られた1本のブラムリーの木から収穫したリンゴ。

お手洗いにもラベンダーや
香水を使って居心地よく。

洗面台にもグリーンがあるだけで
さわやかなスペースになる。

思い出の写真や絵で飾られた
マントルピース。

気持ちよく
整えられている家

庭に面した明るいキッチン。きれいに片付いている。

「ゴーン、ゴーン」

庭の向こうから鐘の音が厳かに響き渡ります。心が清らかになるような、サウスウェルの大聖堂からの鐘の音です。

ここはシーラさんのお宅。庭にはシンボルツリーであるブラムリーの木が1本植えられています。これはシーラさんの友人のセリアさんから、数十年前に贈られたもの。

今や70代になったセリアさんとシーラさんは、独身時代に働いていたデパートで、同僚として出会いました。

それ以来、2人は友情を深め、今では身内以上の親密な間柄。セリアさんがサウスウェルのフェスティバルにやってくる時には、毎年シーラさんの家に滞在するそうです。

前庭を飾るのはラベンダーの茂み。その花が満開となる夏に刈り取って、乾かしたものなのでしょう。

ピンクのじゅうたんが敷かれた洗面所に置かれたバスケットの中には、そのラベンダーがたっぷりといけられ、甘い香りを漂わせています。

ラベンダーの語源はラバレ「洗う」というラテン語で、かつてはローマ人がこの花を浴槽に入れて使ったとのこと。その古代ローマ人がイギリスにもたらしたラベンダーは、防虫効果に優れ、洋服や洗濯物の間に入れられて、その香りは暮らしに生かされてきました。イギリスではラベンダーの香りは、手をかけてきちんと整えられた家を象徴する、といわれています。

シーラさんの家はまさしくそのラベンダーの香りが表すとおり、どこもかしこも気持ちよく、きちんと整えられています。

「さあ、お茶にしましょう」
お宅にうかがうと、まずお茶の支度をしてくださるのがいつものこと。かつて日本でも見られた、隣近所の人たちが集まって、縁側でお茶を1杯楽しんでいたような感じとでもいうのでしょうか。インテリのシーラさんらしく、文学作品がきちんと収納された本棚があるリビングで、真っ白なティーセットでお茶をいただくのが慣例になっています。

外交官の夫とともに外国生活をしてきたシーラさんは、夫の亡き後、今は1人暮らしです。1人娘はスコットランドでホテルを経営しています。

イギリスでは子供との同居や2世帯住宅という考え方はほぼないので、お年寄りが独立して住むことが当然のことになっています。それだけに隣近所との

まずはお茶を1杯楽しんで

真っ白なティーセットで楽しむお茶の時間。

窓から見える庭が絵のように美しい。

好きなものをきれいに並べて暮らす

（右）ジェフリー・アーチャーやフレドリック・フォーサイスが並ぶシーラさんの本棚。（左）お気に入りのお皿も飾って楽しむ。

助け合いが必要となるわけです。

「庭の落ち葉を集めて捨てておきますね」

そう言って隣のご主人がシーラさんの庭の手入れをしている姿を見かけました。これもイギリスではよく見かける光景です。

家族写真のコラージュが印象的なキッチンは、庭がまるで絵のように収まる大きな窓、昔ながらの真っ白いオーブン・コンロがなんとも愛らしい空間。扉ひとつでビルトインのガレージとつながり、そこには食品庫のように野菜や果物などを保存しています。

シーラさんは庭で採れたブラムリーを取り出し、お得意のアップル・クランブルを夕食のデザートに作ってくれました。ずっと使ってきたオーブンで焼いたアップル・クランブルは心まで温かくなるおいしさです。

お年寄りが助け合いながら独立して住む

夏の終わりからシーラさんの庭の木の根元に咲きはじめる原種のシクラメン。

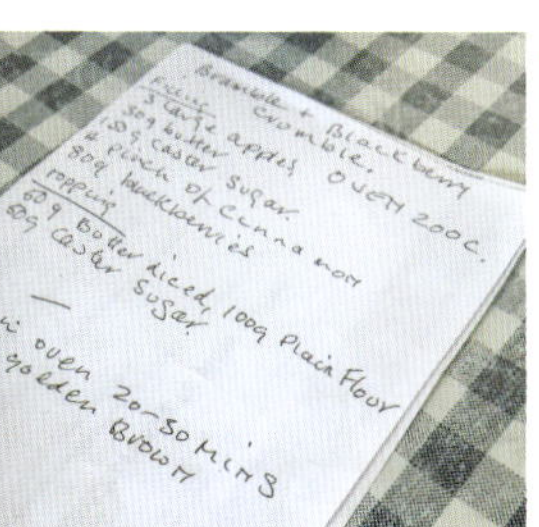

何十年も作り続けてきた大切なレシピたち

若い頃に教わり、夫と娘と暮らしていた頃から何十年も作り続けてきたレシピ。

長年重ねてきた年月のつまった愛しい空間

（右）長年使っているオーブン・コンロ。

（左）コラージュした家族写真が飾られたキッチン。

シーラさんの
アップル＆ブラックベリー・クランブル

クラムは「パン粉」、クランブルは「パン粉にする」の意味で、バター、粉、砂糖を手で混ぜて、パン粉のようにほろほろになったものをリンゴなどの果物にのせて焼くお菓子。リンゴは生のまま使うので、ほどよく火が通ったリンゴの酸味と、ほろっと口に広がる香ばしいクランブルが、これこそ素朴な家庭ならではの味というおいしさです。
シーラさんのレシピは若い頃に教わり、何十年も同じレシピで家族のために作ってきたという年季の入ったもの。その手書きのレシピにシーラさんの重ねてきた年月が込められているのです。

ブラックベリーの赤色がリンゴに移って愛らしい色合い。カスタードソースをたっぷりかけていただく。

材料（4人分）

リンゴ（ブラムリー、紅玉など望ましい）……大3個
グラニュー糖……50g
バター……30g
シナモン……少々
ブラックベリー……80g

クランブル用トッピング
薄力粉……100g
グラニュー糖……50g
無塩バター……50g

作り方

1. オーブンはあらかじめ200℃に温めておく。

2. リンゴは4つ割りにして皮をむき、厚めのイチョウ切りにする。鍋にリンゴ、グラニュー糖、バター、シナモンを入れて煮る（後からオーブンで焼くことを考えてさっと火を通す程度）、最後にブラックベリーを加えて混ぜ合わせる。耐熱容器に移し入れる。

3. クランブル用トッピングを作る。薄力粉をボウルに振るい入れる。グラニュー糖も加える。室温に戻したバターを加え、指で揉みながらほろほろのパン粉状にする。細かい粒状になったら、冷蔵庫で冷やす。

4. 1の上にトッピングを全面に平均に振りかけ、あらかじめ200℃に温めておいたオーブンで20～30分、表面がこんがりと焦げ目がつく程度に焼く。熱いうちにできあがりを取り分け、カスタードソースやアイスクリームなどを添えていただく。

＊作ったクランブル用のトッピングの種は冷凍庫で保存し、使う時にそのまま解凍せずに使うこともできる。トッピングは多めに作って冷凍保存しておくと、いつでもクランブル作りに使えて便利。

火を通しすぎないように
果物をさっと鍋で煮る。

手でトッピングの材料を
混ぜてパン粉状に。

トッピングは冷凍保存で
作り置きできる。

メアリーさんのおもてなし
コーニッシュ・パスティ

まるでタイムトリップしたかのような、心安らぐあたたかな空間。

『ライオンと魔女』のビーバーさん夫婦の家は、こんなところに違いないと確信しました。

緑に囲まれたスイートホーム

コーンウォール地方の深い谷。

画家であるメアリーさんがパートナーのジェイムスさんと暮らす家は、コーンウォール地方の緑深い谷あいにあります。小道を降りていくと、そこには塗装もはげかけた古めかしい扉がありました。その扉を開けると、物語の世界に迷い込んでしまったのか、と錯覚するほどの懐かしい香りの、温かいキッチンがありました。

その瞬間、『ナルニア国物語』シリーズの『ライオンと魔女』のお話の中の一場面が思い浮かびました。雪に閉ざされたナルニア国に迷い込んだ子供たちが心温まるご馳走を楽しんだビーバー夫妻の家はきっとこんな感じだったに違いない、そう確信したのです。扉を開けて中に入るとすぐ左手にはまきが燃える、古いレンジがあり、鍋の中ではスープが湯気を立てています。

テーブルをはさんで右手には庭の緑が楽しめる窓に面して、流しがあり、それを囲うように作られた棚には鍋やカップ、皿が所せましと並んでいます。

そもそもここは、メアリーさんの実家から近く、父親が所有していた納屋でした。その納屋を改装し、パートナーである園芸家のジェイムスさんと2人で暮らすわが家になったのです。

「さあ、どうぞ」

招き入れてくれたメアリーさんは、まずはじめに手作りのリンゴジュースをふるまってくれました。このコーンウォール地方の、2人が住むタマール・バレー地方には、何世紀にもわたって、リンゴとサクランボが特産として栽培されてきた長い歴史があります。多くのリンゴがサイダー（シードル、リンゴ酒）を作るのにも使われました。

物語の世界のような家

画家のメアリーさんと園芸家のジェームスさんが暮らす家。

2人のコレクションは、近くにあるナショナル・トラスト所有のコテール（Cotehele）にも植えられ、The Mother Orchardと名付けられた。

コーンウォール地方ならではの自然を未来へ――2人の願いが込められたリンゴ園

借金までして作り上げた2人のリンゴ園。

コテールには昔のリンゴ搾りの設備も保存されている。

近年、そのリンゴ栽培の伝統に危機が迫っていることを憂いたメアリーさんは、ジェイムスさんと立ち上がります。自宅近くに広い土地を借金で購入してリンゴ園を作り、古くから栽培されてきたこの地方ならではの貴重な品種のリンゴやサクランボの木を集め、育て、接ぎ木などで増やす活動を40年にわたり実践してきました。

メアリーさんの家でふるまわれたリンゴジュースもそのリンゴ園で収穫したリンゴで作ったものでした。香りよく、味わい深く、濃厚なそのリンゴのふくよかな味わいに酔いしれました。

そのほかのメニューは、レンジの上で温められていた人参のスープ、メインのコーニッシュ・パスティ、デザートにはレンジのオーブンで焼かれた、熱々のアップル・クランブル。私の心は『ライオンと魔女』の中の子供たちそのもの。メアリーさんのおもてなしに、身も心もとろけるように魅せられました。

中でも、ホームメイドのこの地方名物のコーニッシュ・パスティをごちそうになったのは初めてでした。この地方ならパン屋やカフェでも食べられる、おなじみのものですが、家庭で作った味をいただくのは今までにありませんでした。いかにも手作りの素朴なパイ皮の味わい、中にたっぷりと詰まった具のおいしさは感動するほどでした。

たとえ時代は変わっても、いつの時代にも手作りの味わいに勝るものはないことを、メアリーさんのパスティが教えてくれました。それはリンゴの古い品種を守り続ける執念ともいえるこだわりにも、どこか共通するもののように思えます。

メアリーさんとジェームスさんのリンゴ園で収穫したリンゴで作ったジュース。

メアリーさんのおもてなし

人参のスープ。

たっぷりのチーズ。

オーブンで焼いた熱々のアップル・クランブル。

メアリーさんの
コーニッシュ・パスティ

コーニッシュ・パスティは牛肉に玉ねぎ、ジャガイモ、カブなどをダイス状に切った具が標準のようですが、何を入れてもいいことは、昔ながらの言い伝えにも表れています。

「たとえ悪魔でもタマール川を渡ってコーンウォール地方に来ることはしない。何故ならコーンウォールのおかみさんときたらなんでも刻んでパスティの中に入れてしまうから、悪魔でさえ刻まれるのが怖くてとても行けない」

農夫のお弁当として栄養いっぱいの具をパイ皮で包んで焼いたこのパスティは、崩れにくく、ポケットに入れて持ち運びにも最適。パイの片方に旦那さんのイニシャルを刻んで焼けば、たとえ食べている途中で用ができて置いたままにしても、食べかけのパスティが誰のものかがわかるという便利さも好まれました。

材料（6個分）

ペストリー
- 無塩バター……175g
- （1cm角ほどに切って冷やしておく）
- 薄力粉……350g
- 塩……小さじ1/2
- 冷水……大さじ4〜5

フィリング
- バター……30g
- セロリ……1本（細かく刻む）
- ニンジン……中1本（細かく刻む）
- ジャガイモ……中1個（細かく刻む）
- 玉ねぎ……小1個（みじん切り）
- マッシュルーム……50g（細かく刻む）
- パセリの葉……大さじ1程度（刻んだもの）
- 塩、コショウ……少々
- 好みでタイムなどのハーブ……少々

仕上げ用
- 卵……1個＋牛乳小さじ1程度

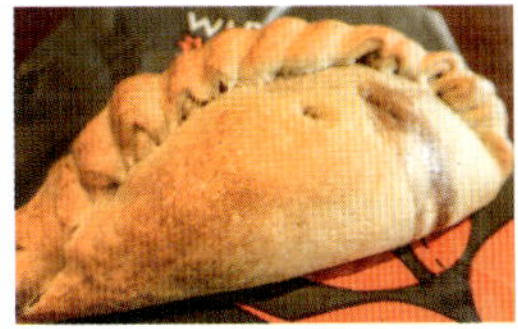

作り方

1. ペストリーを作る。ボウルに薄力粉、ベーキング・パウダー、塩を合わせて振るい入れる。バターを加え、ナイフでさらに細かく刻み、両手で擦り合わせるようにして、ほろほろのパン粉状にする。
   そこに、冷水を加えて、混ぜ、ひとまとめにする（ここまでをフードプロセッサーで作ってもいい）。フィリングの用意ができるまで冷蔵庫に入れて休ませる。

2. フライパンを温め、バターを溶かしたら、玉ねぎを炒める。しんなりとしたら、マッシュルーム以外のほかの野菜をすべて加え、5分ほど炒める。マッシュルームを加えたら、蓋をしてさらに10分ほど野菜がやわらかくなるまで弱火で火を通す。ハーブ、塩、コショウで味を調える。

3. 仕上げ用の卵と牛乳を合わせてよく溶いておく。
   ペストリーを取り出し、6等分し、1つを4〜5mmの厚さ、直径16cmくらいの大きさの円形になるようにのばす。ソーサーなどの皿を使ってきれいに切り取ってもいい。中央にフィリングを6等分してのせ、ペストリーのまわりに水をつけて半円になるように合わせる。合わせ目を指で押し付けしっかりと閉じる。指で押さえた弧の部分に溶いた卵をブラシで塗り、端から折りたたむようにする。焼く前に冷蔵庫に入れて30分ほど休ませる。オーブンは180℃に温めておく。溶いた卵を表面全体に塗り、フォークで空気抜き用の穴を開けて、あらかじめ温めたオーブンで20〜30分ほど、ペストリーに火が通り、きつね色になるように焼きあげる。

＊刻んだ牛肉と野菜を生のままペストリーで包んで焼くのが伝統的な作り方だが、ここでは野菜だけをあらかじめ炒めてからペストリーで包んだ。

＊好みでハムやベーコン、牛肉などを野菜に加えて炒め、具にしてもいい。中に包むものはお好みでいろいろと楽しめる。半分は肉や野菜の具、半分はジャムなどの甘いものを包むのも昔からの作り方。

Column 2

愛されるブルー・イタリアン

サウスウェルで宿泊したB&B、「ジョージアンハウス」。マーケット広場の真向かいに建つ、町中の便利な宿です。

ジョージアンとはジョージ1世から4世までの治世、1714年〜1830年の約100年を指します。王様の時代だけあって、住宅・家具・食器すべてが重厚で男性的、がっしりと重い感じが特徴です。この建物もその時代に建てられたものらしく、1歩足を踏み入れたその瞬間から歴史を感じさせる趣があります。

オーナーのエリザベスさんは、B&Bを営むことで生計をまかない、かつ、この建物の修復やリフォームの費用を捻出し、楽しみながら住み続けています。住みながら古い建物の保存に努めるという、いかにもイギリスらしい心がここにあります。そんな古いものを愛するエリザベスさんの心は、棚に美しく飾られたスポード社のブルー・イタリアンのコレクションにも表れています。

ブルー・イタリアンのような青の染料となるコバルトブルーを使って陶器を作ったのは、中国人が最初だといわれています。

サウスウェルで宿泊したB&B、ジョージアンハウス。マーケット広場の真向かいという便利な場所にある。

ブルー・イタリアンの食器でいただく、イギリスならではの朝食。

ジョージアンハウスのオーナー、エリザベスさんのブルー・イタリアンのコレクション。

景色をパターンに使ったものとしては3種類ある。ブルー・イタリアンやタワーのように、同じ模様がシリーズとしてすべての食器に使われている。

白地に藍青色の絵文様のあるものは、中国では青花（または釉裏青）と呼び、朝鮮半島では青華白磁、英語ではblue and whiteまたはunderglazed blueと称します。

それは陶磁器の装飾技法のひとつで、その製品をも含めた総称です。15世紀末（宋末）に始まったとされ、元代の中頃に発達し、イスラーム商人などを介して西アジアやヨーロッパにももたらされたようです。日本には朝鮮よりこの手法がもたらされ、17世紀に伊万里焼が作られ、いわゆる染付と呼ばれるものになります。

ヨーロッパには1604年にはすでにオランダの船が中国から大量の陶磁器を持ち帰ったという記録があり、その人気ぶりはオランダ国内でオークションが開かれたほど。さらにブームは広がり、東インド会社が中国から陶器の輸入を始めますが、その大半は染付のものだったということです。オランダでデルフト焼きが生まれたのは、その中国の影響からでした。

イギリスではボウ窯が1747年からブルーアンドホワイトを

一勇斎国芳が描いた「山海名産尽　肥前国伊万里焼」。江戸末期に伊万里焼が名産品であったことがわかる。

作りはじめたものの、平皿類のみで、飲茶の習慣に対応できるようなカップ類が作れずにいたので、中国からの安価な輸入品でその不足をまかなっていました。

1761年になると、ドクター・ウォールがイギリスのウースターにて転写プリントでのブルーの陶器の製造を始めます。

1784年には、茶の税金が大幅に下げられ、茶器の需要が高まりますが、中国からの輸入は食器より茶に重きを置かれたため、それまで中国からの食器を使っていた裕福な家庭がその買い足しすらできなくなってしまいます。そこで、中国の食器をコピーして作っていたスポード社の製品が注目されるようになるのです。

スポード社はジョサイア・スポードが1770年、イギリス陶磁器のメッカ、ストーク・オン・トレントで創業しました。ここは陶土と燃料になる石炭が豊富だったことから、17世紀頃から陶器の町として栄えていたそうです。1784年には、ジョサイアが銅版による転写技術を発達させ、安価なブルーアンドホワイトの

ジョサイア・スポードとスポードの印。1925年にロンドンで刊行された『Spode & his successors』(著：アーサー・ヘイデン)より。

製品をアースンウェア（陶器）で作ることができるようになります。

英語のpottery, ceramic, earthenwareはいずれも日本でいう土器・陶器の両方を指しますが、ジョサイアはボーンチャイナ（bone china 骨灰と磁土を混ぜて焼成した乳白色の軟磁器）を作ることにも成功し、透光性にすぐれた食器も生み出しました。

ブルーアンドホワイトの製品の中でも、ブルー・イタリアンは、1816年に生まれてから2009年にスポードの工場が閉じるまで作られ続けた人気のパターンでした。

1920〜30年代のスポード社のカタログを見ると、このパターンだけで700種類もの製品が作られていたことに驚きます。アースンウェアの安価なものだけでなく、1976年頃まではディナー食器がボーンチャイナで作られ、装飾品が1986年頃まで作られました。特に1800年代初期は富裕層向けのものが多く作られ、アスパラガス用の長方形の皿、ローストした肉用の巨大な皿、スープを食卓でサーブするための器、さらには足湯用の器

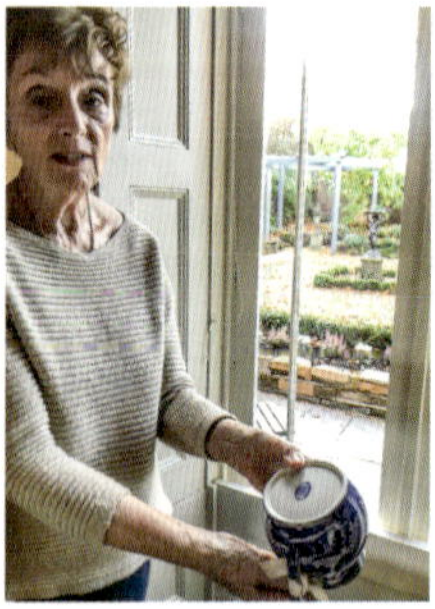

B&Bのオーナーのユリザベスさん。長年かけてアンティーク・フェアで見つけたものを買い集めてきた。

のようなものまで、ブルー・イタリアンのものが好まれたのです。

ただし、このブルー・イタリアンのパターンの元となった風景がどこなのかは確かではないとのこと。グランドツアーから生まれた版画から起こした図案という説が主流でしたが、研究者によると、イタリアにはこの図案に当てはまる景色は存在しないため、複数の場所を組み合わせた風景ではないかというのです。

それを裏付けるものとして、1989年にスポード博物館が手に入れた、17世紀後半の作品と思われる、作者もわからないペン画があります。これがブルー・イタリアンの図案に似ていることから、これこそが元となったのではないかといわれています。

誕生から200年もの間、今もなお人々に愛され続けるこの図案の魅力とは何でしょう。ヨーロッパの景色とそれを取り囲むようにして、リム（縁取り）に施されたのは、日本の伊万里の図案です。その西洋と東洋の取り合わせ、という意外性が人気の秘密かもしれません。2009年にスポード社は同じストーク・トレンドに窯を持つ、ポートメリオン社に買収されました。種類は減ったものの、このブルー・イタリアンの食器は作られ続けています。

時代が下ると、黒い印になる。

押印があるものもある。判読できないが、押印がある方が、より古い時代のものらしい。

ボーンチャイナ、アースンウェアの両方ともバックスタンプは青い楕円。

材料をすべてそろえ、手慣れた様子でアップルパイを作りはじめるジョアンさん。

ジョアンさんの アップルパイのある暮らし

大きな窓の明るいキッチンで教えてもらった
イギリスならではの、ショートクラスト・ペストリーのパイ

光があふれる家作り

庭が見え、光があふれるキッチン&ダイニングルーム。

庭仕事にも手をかけて

木々の緑に囲まれた静かなガーデン。庭にもジョアンさんは手をかけ、楽しんでいる。

「ほら、あれがメリーウェザーさんが植えた洋ナシの木よ」

キッチンから、庭に面して大きく開かれた窓越しに、森のようになっている場所を指して、ジョアンさんが教えてくれました。

現在、住宅地となっているジョアンさんの家のある一帯は、かつては、ブラムリーの苗木を最初に販売したメリーウェザー（35ページ参照）が所有していた土地でした。

ジョアンさんの家はその住宅地の一番奥まったところにあるので、宅地にならなかったところが、昔そのままの姿で時を超え、200年も前にメリーウェザーが植えた木が今でも残っているのです。

あらためてメアリーウェザーがいかにサウスウェルで成功し、広大な土地を持っていた名士であったかを目のあたりにする思いでした。

ジョアンさんのアップルパイ好きは、煮たリンゴを冷凍で常備し、いつでもアップルパイが焼けるように工夫している点からもわかろうというもの。

アップルパイのおいしさは、リンゴはもちろんのこと、それを支えるパイ皮の味も大切なことは言うまでもありません。

イギリスのアップルパイのパイ皮は日本でよく見かける、何層にも重なった折りパイの生地ではなく、サクサクとしたビスケットタイプ。いわゆるイギリス式練りパイ生地で、ショートクラスト・ペストリーと呼ばれるものです。

この生地の作り方さえ覚えれば、イギリスのパイやタルトのほとんどに使えるという便利なものです。

お菓子作りの好きなジョアンさんが楽しめる空間

ビルトインの最新式オーブンでこんがり焼いたアップルパイ。

カスタードをたっぷりかけていただく

サクサクのパイ皮にブラムリーがたっぷり。ブラムリーはクッキング・アップルの王様。

趣味のキルトについて

キルト作りが趣味のジョアンさん。窓に面してミシンが置かれた裁縫仕事専用の部屋には、作りかけのキルト作品が所狭しとテーブルに広げられていました。

ブラムリー・フェスティバルに出品したリンゴのデザインをキルティングしたティーコゼー。

仕上げに生クリームをたらしていただきます。

ランチのおもてなしブロッコリーとスティルトンチーズのスープ

フードプロセッサーでペースト状にしたブロッコリーにイギリス人の大好きなスティルトンチーズを削って加えます。

私の作るショートクラスト・ペストリーは、私を娘のようにかわいがってくれたクック家の奥さんのリタ仕込み。私はバターの風味が好きなので使うのはバターのみですが、ジョアンさんはペストリーをいっそうサクサクとした食感にするためにバターとショートニングを半量ずつ合わせて使っています。卵黄は入れずに水だけで作るところも私とは違いますが、その違いこそ、家庭の味わいならではの楽しさです。

2000年、ジョアンさんは壁で隔てられていたダイニングとキッチンの壁をリフォームで取り払い、大きな窓を通して庭が見える、明るいワンルームに改装しました。

「もっと早く、子供たちが小さい時に改装しておけば、家族みんながより快適に過ごせたのに」

そうつぶやくジョアンさん。いずこもリフォームのタイミングは難しい決断のようです。

作業台になる広いカウンター、最新式のビルトインの電気オーブン、ジャムなどの保存食も入れられるたっぷりとした収納。お料理やお菓子作りが得意なジョアンさんが楽しめる空間が今あること、それこそが大切であると思うのです。

ランチに用意してくださったブロッコリーとスティルトンチーズのスープのなんとおいしかったこと。テーブルにはブラムリー・フェスティバルに出展したリンゴをキルティングしたティーコゼーも加わり、焼き立てのアップルパイを味わうにはぴったりの雰囲気となりました。アップルパイは家庭の味が一番。手作りの味のおいしさを再確認したひとときでした。

チャツネはたくさん作って保存

たくさんのチャツネなど保存食が収納されているスペースもたっぷり。

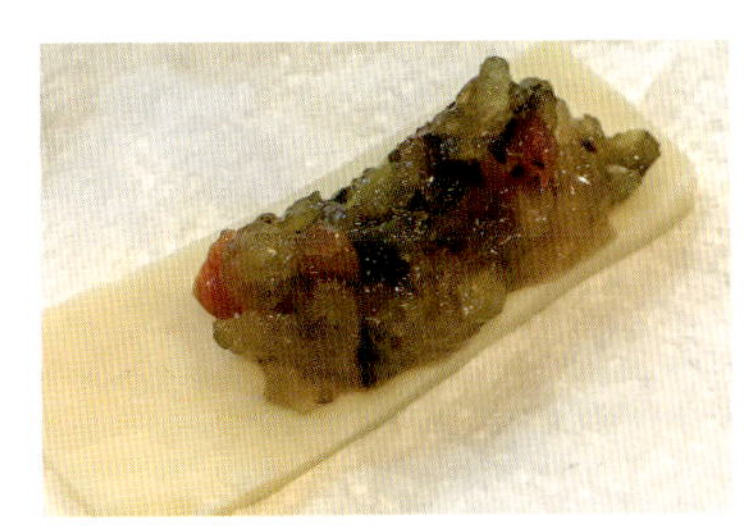

ジョアンさん手作りのチャツネ

ジョアンさん手作りのチャツネ。チーズにのせていただく。

ジョアンさんの
アップルパイ

アップルパイに入れるリンゴはもちろんブラムリー。イギリスの台所にはブラムリーがジャガイモのように常備されるほど、豚肉のソースやスープ、煮込みなどからお菓子まで広く利用されています。
ブラムリーは、ほかのリンゴよりも早く、切ったそばからすぐに茶色く色が変わってしまうので、ジョアンさんは切ってからレモン汁を加えた水につけるという細やかさです。
ジョアンさんのお菓子作りの腕前は、ベーカリーに勤めていたという母親譲り。アップルパイの作り方もそのお母さんから教わったそうです。

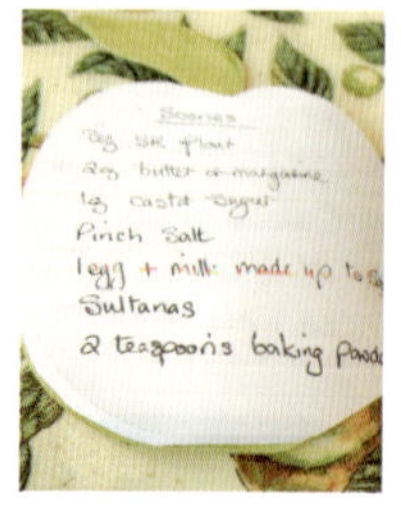

材料（直径21㎝のパイ皿）

薄力粉……350g
塩……ひとつまみ
無塩バター……75g（1㎝角程度に切っておく）
ショートニング……75g（1㎝角程度に切っておく）
冷水……大さじ6程度
リンゴ（ブラムニー）……大2個
レモン汁……少々
牛乳……適宜

生地の材料を混ぜてパン粉状に。

ブラムリーをいちょう切りに。

牛乳を塗ってオーブンへ。

作り方

1. パイ皮を作る。
ボウルに薄力粉と塩を合わせて振るい入れる。冷たいままのバターとショートニングを加え、ナイフでさらに細かく刻む。手のひらで擦り合わせるようにし、粉類となじませサラサラのパン粉状にする。冷水を加え、全体を混ぜてひとまとめにする。ラップ材に包み、冷蔵庫で最低でも30分は休ませる。

2. リンゴは皮をむき、4つ割りにして芯を取り、5mm程度のいちょう切りにする。色が変わるのを防ぐため、レモン汁を少々加えた冷水につけておく。

3. パイ皮の半量をパイ皿よりひとまわり大きくのばし、パイ皿に敷く。はみ出しているまわりのパイ皮をナイフで切り取る。フォークで底に空気穴を開け、その上に3のリンゴを水分をよく取ってから、中央が高くなるように盛る。パイ皮のふちに牛乳を塗り、パイ皿より少々大きくのばしたもう半量のパイ皮を、リンゴの上にかぶせる。パイ皮を合わせたら、余分の生地をナイフで切り取り、縁を指やフォークを使ってしっかりと合わせる。残った生地をのばし、飾りを作って、牛乳を塗ってのせる。全体に牛乳を刷毛で塗る。

4. あらかじめ180℃に温めておいたオーブンに入れて、約35分、こんがりと表面がきつね色になり、パイ皮に火が通るまで焼く。

※ブラムリーが手に入らない場合は紅玉などのほかのリンゴを使う。

ベイクストーンでこんがり焼いたウェルッシュ・ケーキ

ビアータさんが焼く ウェルッシュ・ケーキ

古いコーチハウスを改装したコテージに泊まり、
ウェールズ地方の伝統菓子でもてなす暮らしを教えてもらいました。

自然豊かなウェールズ

(右) ブリテン島の西に突き出ているウェールズ地方の港町、スワンジー。

(左) 私たちが泊まったビアータさんのコテージは、ブレコン・ビーコンズ国立公園の自然の中。近くには釣りが楽しめる川 (Afon Senni) も流れている。

馬や犬たちとの散歩は毎日の日課

ウェールズと馬と自然を愛するビアータさん夫妻の愛馬。

愛情をかけた家

家の外壁は梯子に上ってビアータさんが自らDIYで塗装。半分しか完成していないので、今は2色ですが、それもご愛敬。

季節ごとの飾り付け

クリスマスの季節だったのでキッチンにもミスルトーを吊るした可愛い飾り付けが。

最近ではイギリスの自然の中を歩くことに惹かれているわが家。滞在先も必然的に、ドロドロになった靴でも気楽に出入りできる、貸しコテージを選ぶようになっています。

イギリスには15の国立公園があるのですが、ウェールズにはその3つがあり、そのひとつがウェールズ中部に位置するブレコン・ビーコンズ国立公園です。本の町として有名な東のヘイオンワイから西のランデイロまで、ブラックマウンテンズをはじめ4つの山脈を有する広大な風景と自然にあふれたところです。

ウェールズの南にある港町、スワンジーに留学していた娘のクリスマス休暇に、そこから1時間ほどのこの地域で過ごしたことがありました。その時に私たちが泊まったビアータさんのコテージは、そのブレコン・ビーコンズ国立公園の自然の真っ只中にありました。

ビアータさんのご夫妻が住む、ビクトリア・ジョージ王朝時代に建てられた母屋に隣接したそのコテージは、かつて馬や馬車を入れておくためのコーチハウスを改装したところでした。

「オーナー夫人手作りのウェルッシュ・ケーキがとてもおいしかった」

貸しコテージが数ある中で、ここを選ぶ一番の決め手となったのは、サイトにあった滞在者からのこんなコメントでした。それが正解だったことは、あとから知ることになるのです。

実際にコテージに到着してみると、その評判どおりビアータさん手作りのハート形のウェルッシュ・ケーキが愛らしい缶に入れられて、私たちを待っていてくれました。

家族で料理が楽しめる自慢のキッチン&ダイニングルーム

（上）壁を取り払い料理するのも食事も犬がエサを食べるのも同じ空間で。

（左）収納がいっぱい。お菓子作りの道具や材料はすべて扉の中の棚に収められていた。

ウェールズ地方の歴史を伝える道具

ウェルッシュ・ケーキを焼くベイクストーン。

夢を実現した広いアイランド型の調理台

アイランド型の広い調理台＆流しは開放的。家族で料理が楽しめる。

クリスマスのダイニングテーブル

チキンやクリスマスプディングなどのごちそうを並べ、大人数で和やかな時を過ごすことができる。

　ビアータさんはドイツ人で、この地を愛し乗馬を愛し、自然を愛してご主人とこの大きな家に暮らしています。家はまだ改装中でしたが、壁を取って開放的なワンルームになったキッチンとダイニングルームがビアータさんのご自慢。家族で料理が楽しめるようにと、調理台は大きなアイランド型を選んでいます。デザインも色も彼女が決めたそうですが、陽気で活動的な彼女にぴったりのキッチンです。

　ウェルッシュ・ケーキはさすがに家庭のお菓子だけあって、いつも台所にある材料だけで作れるシンプルなものですが、ビアータさんはスパイスの取り合わせをひと工夫、ナツメグやシナモンを多めに加えます。

　できあがった生地は、スコーンよりやわらかく、けれどもべたべたしない、扱いやすいものでした。ビアータさん流にハート形で抜き、熱したベイクストーンにのせてこんがりと焼いていきます。もちろんフライパンやホットプレートでもうまく焼くことはできるでしょうが、この歴史を伝える、ベイクストーンでこのケーキを家でも焼きたくなってしまいました。そこで彼女のおすすめのキッチンショップに立ち寄り、ずっしりと重たいベイクストーンを抱えて帰ってきました。私自身にとっての何よりのウェールズ土産になりました。

　これまでウェールズには数回、旅したことがありましたが、この地に住む人と家族のようにふれあい、しかも家庭で作ったウェルッシュ・ケーキをごちそうになり、その作り方まで教えてもらえるとは、思ってもいない幸運でした。

マーケットのウェルッシュ・ケーキ

スワンジーでは日曜を除き毎日マーケットが開かれ、広い建物の中に食べ物や日用品を売る店が屋台のように並びます。そこでもウェルッシュ・ケーキが大きな天板で焼かれ、売られていました。焼き立ての熱々をほおばると、パンケーキとスコーンの間のような、ほろっとした優しい味わい。

ビアータさんのウェルッシュ・ケーキ

ウェルッシュ・ケーキは、ウェールズ語ではPicau Ar Y Maen「Cake on the stone（石の上で焼いたケーキ）」の意。
そもそもは太古の昔には火を起こしてその上に石をのせて焼いていたのが始まり。時を経て、壁で囲ったところにはめ込んだ薄い石を下から火を起こして熱くし、その上で焼くようになったそうです。それで「ベイクストーン」と呼ばれるようになったものが、今もウェルッシュ・ケーキを焼く道具として使われています。

ウェールズ料理研究で知られるボビー・フリーマンのベイクストーンのレシピ集。

材料（直径5cmくらいの円形のものを15個分程度）

薄力粉……225g
ベーキング・パウダー……小さじ2
塩……ひとつまみ
ミックス・スパイス……小さじ1
無塩バター……110g（1cm角に切って冷蔵庫で冷やしておく）
グラニュー糖……75g
レーズン……75g
卵……大1個
レモンの皮……1/2個分（好みで）

仕上げ用
　グラニュー糖……適宜

作り方

1. 薄力粉、ベーキング・パウダー、塩、ミックス・スパイスを合わせてボウルに振るい入れる。バターを加え、ナイフでさらに細かく刻み、両手で擦り合わせるようにして、ほろほろのパン粉状にする。

2. さらにグラニュー糖、レーズンを加えてよく混ぜ合わせる。よく溶いた卵を加えて混ぜ合わせ、ひとまとめにする。

3. 打ち粉（強力粉・分量外）を振った台に取り出し、5mmほどの厚さにのばす。直径5cmほどの菊型で抜き、あらかじめ温めておいたグリドルで、片面ずつきつね色に焼き色がつく程度に焼く。

4. 焼けたらグラニュー糖を振りかけ、いただく。

*グリドルがない場合はフライパンに薄くバターを塗って焼く。

*ミックス・スパイスはシナモン、クローブ、ナツメグなどを合わせたもので、イギリスでは市販品がある。手に入らなければシナモンだけ、またはシナモン、クローブ、ナツメグなど数種類を自分でミックスしてもいい。

*型はハート型など好みのものを使ってバリエーションを楽しめる。

こだわりのスパイス類。

どっしりしたボウルで混ぜる。

ふっくら焼き上げる。

もてなしのテーブルには真っ白なティーナフキンが添えられて、ティーセットが並べられていた。

セリアさんのおもてなし
ブラムリーとクルミのスコーン

移り住んだデヴォン地方の村で人々とリンゴ作りを楽しむ
ブラムリー・レディが教えてくれた、お茶の時間のあたたかいおもてなし

セリアさんが第二の人生を送るバックランド・モノクラム

ダートムアからの眺め。
のどかな田園風景が広がる。

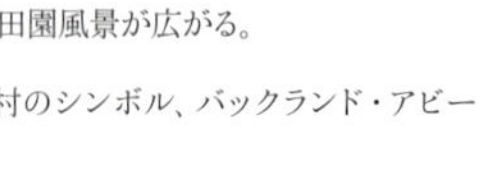

村のシンボル、バックランド・アビー

**大切な食器でもてなすことは
その人を大切に思っているということ**

祖母から母へ、母からセリアさんに譲られたティーセット。ピンク色の花柄が愛らしい。

ビクトリア朝末期、ドレスも優雅な、セリアさんの祖母の家でのお茶の時間。立っている若い女性がセリアさんの祖母。

「このティーセットは私のおばあさまから譲り受けたものなの」

大切そうにカップのひとつにお茶を注ぎながらセリアさんは語ってくれました。

初めてセリアさんの住むデヴォン州、ダートムアに近い小さな村、バックランド・モノクラムのお宅を訪ねた時のことです。

乳白色の透けるような薄い磁器に、ピンクで彩色された愛らしい花柄がちりばめられたそのカップは、年代を経たものであることが、その質感や色合いから、ひと目でわかります。

テーブルはそのカップとおそろいのケーキ皿が、真っ白なティーナフキンが添えられて並び、スコーンやビクトリア・スポンジなど手作りのお菓子とともに美しく整えられていました。

テーブルのすべてにセリアさんのあたたかいおもてなしの心が込められ、大切な食器を私のために用意してくださったことに胸が熱くなりました。大切な食器でもてなすことは、その人を大切に思っているという何よりのごちそうなのですから。

「これが私にティーセットを譲ってくださったおばあさまよ」

後になって、おばあさまご自身のお茶の時間に撮られた写真を見せていただきました。女性たちは袖のふくらんだ長いドレスを身に着け、さながら『マイ・フェア・レディ』の映画のひとコマのようなエレガントなたたずまいです。「ブラムリー・レディー」として今もその普及のために活動を続けるセリアさん。ブラムリーの原木があるサウスウエルの出身で、ブラムリーの商業栽培を初めて行った苗木商、ヘンリー・メリーウェザーは曽祖父にあたります。

ブラムリーの普及のために活動を続けるセリアさん

村人たちが共同管理する果樹園でブラムリーはじめリンゴを栽培している。

セリアさんのキャンペーンは新聞にも取り上げられた。今もイギリスで年間7万トンの収穫を誇るブラムリーの危機を救ったともいえる。

THE REVIEW

The journal for professional fresh produce retailers

May 1993 Price: £1.00

News round-up

Happy Bramley to you, Mr Major!

ブラムリーが村の人々の絆に

村人たちの憩いの場、唯一のパブ、ドレーク・マナー・イン。

村の果樹園で収穫したリンゴで作ったジュース。

ブラムリーを愛するセリアさんはイギリスがEECの市場に参加を始めた1973年、ブラムリーが規格外の形と大きさであることで市場に出せないという厳しい状況に置かれた時に立ち上がりました。当時のメイジャー首相にブラムリーで作ったバースデー・ケーキを届けるなどのキャンペーンを実行したのです。最終的には政治家の心を動かしブラムリー用の新しい分類が設けられEECの市場に出せることになり、ブラムリーの生産農家を助けました。

セリアさんは夫亡き後、家探しをしている最中、偶然この村に出会いました。中世に建てられたバックランド・アビーのお膝元、修道僧たちが住む村として長い歴史を持つこの村の落ち着きあるたたずまい、人々のやさしさ、その雰囲気にひと目ぼ

幸せなひととき

セリアさんが一番落ち着く場所という、ブラムリーが植えられた庭の一角。右は庭に実るクラブ・アップル。

贈られたナフキンリング

セリアさんから著者に譲られた銀のナフキンリング。

れしたセリアさん。その足で不動産屋に行き、見つかったのが今も住む「ブラムリー・コテージ」でした。今やこの村に住んで20年。セリアさんは村にとってなくてはならない存在となりました。

村人たちが共有し管理する果樹園ではセリアさんの協力のもと、ブラムリーをはじめリンゴを栽培しています。秋になると村人たち総出でたわわに実ったリンゴを収穫し、ジュースを作ります。そのジュースは村唯一のパブ、村人たちの憩いの場でもあるドレーク・マナー・インでもふるまわれています。

セリアさんのお気に入りの場所はダイニングからもキッチンからも出ることができる、自宅の小さな庭。洗濯物を干すスペースでもありますが、以前はナーサリーを経営していたこともあるセリアさんは植物全般に詳しく、自分の庭も選りすぐった、バラやツバキをはじめとするお気に入りの植物で満たされています。特にブラムリーが植えられた一角には1人用のテーブルと椅子が置かれ、お天気がいい朝はここで新聞を読みながらコーヒーを飲むひとときが何より幸せだと語ります。

今、私の手元には、時を経た銀のナフキンリングがあります。セリアさんのあの写真の中のおばあさまが、お茶の時間に使っていたというビクトリア時代に作られたものです。

「あなたにこれを持っていてほしいの」

セリアさんの言葉とともに譲られたその2つの銀のナフキンリング。私に託された意味を考える時、その重さを感じています。

Recipe

セリアさんのブラムリーとクルミのスコーン

セリアさんが作る、お茶の時間の定番菓子のひとつ。サウスウェルのWI主催のお茶会のためにもよく焼いたという思い出のお菓子。ブラムリーは加熱するととろけますが、スコーンに入れて焼くと、しっとりとした味わいと独特の酸味が味を引き立てます。リンゴと相性の良いクルミを入れて、さらにおいしく。

バックランド・モノクラムで
収穫されたブラムリー。

材料（直径5cmの菊型8〜9個分）

全粒粉……200g
ベーキング・パウダー……小さじ2
塩……ひとつまみ
無塩バター……50g
洗双糖または三温糖……大さじ1
卵1個と牛乳を合わせて……90cc
リンゴ（ブラムリー）……100g
クルミ……25g（乾煎りしたもの）
シナモン粉……小さじ1

作り方

1. オーブンは220℃度にあらかじめ温めておく。ボウルに全粒粉、ベーキング・パウダー、塩、シナモンを合わせて振るっておく。

2. 1cm角に切ったバターを冷たいまま1のボウルに加え、ナイフであずき粒大に切り込み、さらに手のひらを合わせてこすり合わせるようにして、サラサラのパン粉状にする。砂糖を加える。

3. 皮をむき、5mm角程度に細かく切ったリンゴ、刻んだクルミを加える。

4. 卵を溶き、牛乳を合わせて90ccにしたものをよく混ぜて加え、ひとまとめにする。
ラップ材の上にのせて手で表面を平らにし、2〜3cmほどの厚さにする。強力粉（分量外）をまぶした菊型で抜き取る。天板に並べ、上面に牛乳（分量外）を刷毛で塗り、あらかじめ温めておいたオーブンで9分ほどこんがりときつね色に色づくまで焼く。焼きあがったら、ケーキクーラーにのせる。

＊全粒粉はいろいろなタイプがあるが、筆者は金子製麺の地粉・全粒粉を使用。

リンゴとクルミのスコーンは
ティールームでも定番のメニュー。

スコーンはクロテッドクリームとジャムを
たっぷりつけていただく。

Column 4

復活したラベンダー畑

Come, all you young ladies and make no delay
I gathered my lavender fresh from Mitcham today,

Will you buy my sweet blooming lavender?
There are sixteen dark blue branches a penny.

You buy it once you will buy it twice;
It will make your clothes smell sweet and nice.

Who'll buy my sweet blooming lavender?
Sixteen full branches a penny.

おかみさんがた、ためらい無用。
ミチャムの直売ラヴェンダー。

香り抜群、ラヴェンダーはいかが。
真っ青な茎16本で1ペニー。

1度買ったらまた欲しくなる。
着物がぷんぷんにおいまっせ。

香り抜群、ラヴェンダーはいかが。
たっぷり16本で1ペニー。

加藤憲市『英米文学植物民俗誌』(冨山房)より

17〜18世紀のロンドンでは、イチゴや牛乳、ジンジャーブレッドやマッチなど、さまざまな物売りの声が聞かれました。ラベンダーの咲く季節になれば、右記のようなラベンダーの花束を売る声が街に響いていたのです。

その様子を物語るラベンダー売りの娘が、ヤードリー社のラベンダーウォーター（香水の一種）のパッケージや瓶のラベルに描かれていました。

ロンドンで売られていたこのラベンダーはどこで栽培され、ロンドンに運ばれていたのか、この物売りの歌にも見られるようにそれがミッチャム（Mitcham）という場所だったのです。

ミッチャムとは、かつてのサリー州、現ロンドン南部のグレーターロンドンにある町です。当時はこのミッチャム一帯にどこまでも続くラベンダー畑があり、商業的にラベンダーが栽培されていたのでした。収穫したラベンダーからオイルを抽出する蒸留所が作られ、香水をはじめ、石鹸などの製品に生かされました。

さまざまな物売りの様子を描いた画家、Francis Wheatly（1747-1801）。彼の作品のひとつ、プリムローズ（桜草）売りの娘の絵をヤードリー社がラベンダーに変え、自社のラベンダー製品のラベルに使用した。

第二次世界大戦後、大ロンドン計画のもと、ロンドンへの通勤圏であるこの地域には新興住宅地が造成されます。ラベンダーの香りが古めかしい、時代遅れの感が強まったこともあいまって、広大なラベンダー畑は幻のように姿を消してしまったのでした。

そのラベンダー畑が復活する、という記事を読んだのはウィンブルドンに住んでいた時でした。今から20年も前のことです。ラベンダー好きの私はそのニュースを知ると、驚きとともにその畑が見られるのかとうれしくなってしまいました。すぐにミッチャムに車を走らせたのです。ところがラベンダー畑などどこにも見つかりません。そのニュースは、ラベンダー畑を復活させる計画が始まることを告げるものだったのですから。

あれから時が経ち、ラベンダーの伝統ある地に、ラベンダーの畑が復活したことを知りました。その名はメイフィールド・ラベンダー（Mayfield Lavender）、イギリスで一番大きなオーガニックでラベンダーを栽培する畑として蘇ったのです。

ラベンダーが前庭いっぱいに植えられた、愛らしいコッツウォルズのコテージ。摘み取ったラベンダーは防虫剤など香りとともに暮らしに活かされる。

夏の暑い日、そのメイフィールド・ラベンダーを訪れました。かつて何もなかったところに、ラベンダーの香りで遠くからでもわかるほどに、一面のラベンダー畑が広がっているではありませんか。その中にたたずんでいると、かつてこの同じ香りを浴びて、生活の支えとしていた人々の姿が浮かんでくるようです。今はそんな歴史があったことも知らないような若い声が響いていますが。

この畑では数あるラベンダーの品種の中から、イングリッシュ・ラベンダーと、ラベンダー・グロッソ（イングリッシュ・ラベンダーとスパイク・ラベンダーの交配種）の2種のラベンダーが栽培されています。イングリッシュ・ラベンダーから抽出した精油は、昔から最高級品として愛用されてきた歴史があります。

ラベンダーの香りには、リラックス、鎮静作用をはじめ、多くの優れた効用があります。ストレスの多い、現代社会に暮らす人々にとって今またその香りが暮らしに求められているのかもしれません。

サリー州のBansteadにあるメイフィールド・ラベンダー。ラベンダー色の看板が遠くからも目立つ

売店で求めたラベンダー・ティーとラベンダー・マフィン。

エリザベス1世やビクトリア女王も愛したラベンダー。その香りはいつの時代にもイギリス人の暮らしとともにある。

ラベンダー畑の中にある売店の店員さん。エプロンもラベンダー色。

ラベンダー畑の中にたたずむ売店。移動可能なバスになっている。

18〜19世紀、ラベンダー栽培が盛んだった100年前と同じ場所にラベンダーが蘇ったメイフィールド・ラベンダーの畑。30000坪の広大な畑にまるで紫のカーペットを敷き詰めたようにラベンダーが香る。

参考文献

Davidson, Alan. *The Oxford Companion to Food,* Oxford University Press,2014.

Coperland, Robert. *Blue and White Shire Album,* Shire Publications Ltd.,1994.

Fitzgibbon, Theodora. *A Taste of the Lake District,* Pan Books Ltd.,1980.

Merryweather, Roger. *The Bramley A World Famous Cooking Apple,* Newark and Sherwood D.C.,2018.

Skinner, Julia. *Flavours of Derbyshire Recipes,* The Francis Frith Collection,2011.

Macdonald, Claire. *The Scottish Food Bible,* Birlinn Ltd.,2014.

Brown, Catherine. *Scottish Cookery,* Richard Drew Publishing,1989.

Fisher, Katie. *The Nottingham Cook Book:Second Helpings,* Meze Publishing,2017.

Grigson, Jane. *The Observer Guide to British Cookery,* Mermaid Books,1984.

Evans, James. Martin, Mary. *A Cornish Pomona,* Four Way Print Ltd.,2014.

Lloyd, Vivien. *First Preserves,* Citrus Press Ltd.,2011.

Festing, Sally. *The Story of Lavender,* London Borough of Sutton Libraries and Arts Services,1982.

本書の出版にあたり、ご協力くださった
下記の方々に重ねて御礼申し上げます。

Special thanks to Kay Padmore, Geoff Padmore, Sheila Whysall, Joan Ware, Suzannah Starkey, Beate Thierbach-Knight, James Evans, Mary Martin, Sue Young, Antony Young, Margaret Saunders, Malcolm Saunders, Celia Stevens, Vivien Lloyd, Janet Halsall Wells Wilson and all other precious friends.

北野佐久子（きたの・さくこ）

東京都出身。立教大学英米文学科卒。

在学中から児童文学とハーブに関心を持ち、日本人初の英国ハーブソサエティーの会員となり、研究のため渡英。結婚後は、4年間をウィンブルドンで過ごす。

児童文学、ハーブ、お菓子などを中心にイギリス文化を紹介している。

英国ハーブソサエティー終身会員、ビアトリクス・ポター・ソサエティー会員。

主な著書に『イギリスのお菓子とごちそう　アガサクリスティーの食卓』（二見書房）、『物語のティータイム　お菓子と暮らしとイギリス児童文学』（岩波書店）、『ビアトリクス・ポターを訪ねるイギリス湖水地方の旅』（大修館書店）、『ハーブ祝祭暦』（教文館）、『イギリスのお菓子　楽しいティータイムめぐり』『美しいイギリスの田舎を歩く！』（ともに集英社 be 文庫）、編書に『基本　ハーブの事典』（東京堂出版）など。

ホームページ：http://www.sakuko.com

写真：北野佐久子
デザイン：平塚兼右（PiDEZA Inc.）
本文組版：新井良子／矢口なな（PiDEZA Inc.）

イギリスのお菓子（かし）と暮（く）らし

著　者　北野佐久子（きたのさくこ）
発行所　株式会社 二見書房
東京都千代田区神田三崎町2-18-11
電話　03（3515）2311［営業］
03（3515）2313［編集］
振替　00170-4-2639
印刷・製本　図書印刷株式会社

落丁・乱丁本はお取り替えいたします。

定価は、カバーに表示してあります。


ISBN978-4-576-19142-3

重版出来

イギリスのお菓子とごちそう アガサ・クリスティーの食卓

北野佐久子＝著

ポアロやミス・マープルなど、アガサ・クリスティーの作品に登場するイギリスのお菓子やごちそうを詳しく知ることで、作品をより深く味わい、イギリスの食文化を楽しく学ぶことができる一冊。アガサ・クリスティーが住んだグリーンウェイの屋敷の食器、キッチン、テーブルセッティング、庭など貴重な写真満載。ミステリーにちなんだレシピ付き。

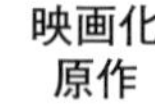

高慢と偏見とゾンビ

ジェイン・オースティン＝著／セス・グレアム＝スミス＝著
安原和見＝翻訳

18世紀末イギリス。謎の疫病が蔓延し、死者は生ける屍となって人々を襲っていた。田舎町ロングボーンに暮らすベネット家の五人姉妹は少林拳の手ほどきを受け、日々修行に余念がない。そんなある日、近所に資産家のビングリーが越してきて、その友人ダーシーが訪問してくる。次女エリザベスは、ダーシーの高慢な態度にはじめ憤慨していたものの……。